マッキンゼーで学んだ
フレームワーク
超活用術

麦肯锡思考工具

Sachiyo Oshima
[日] 大岛祥誉 著
朱悦玮 译

北京时代华文书局

图书在版编目（CIP）数据

麦肯锡思考工具 / (日) 大岛祥誉著；朱悦玮译 . — 北京：北京时代华文书局，2022.11（2025.4 重印）
ISBN 978-7-5699-4705-2

Ⅰ . ①麦… Ⅱ . ①大… ②朱… Ⅲ . ①企业管理 Ⅳ . ① F272

中国版本图书馆 CIP 数据核字 (2022) 第 172882 号

北京市版权局著作权合同登记号 图字：01-2021-3157

拼音书名 | MAIKENXI SIKAO GONGJU

出 版 人 | 陈 涛
策划编辑 | 周 磊
责任编辑 | 周 磊
责任校对 | 凤宝莲
装帧设计 | 程 慧 迟 稳
责任印制 | 訾 敬

出版发行 | 北京时代华文书局 http://www.bjsdsj.com.cn
北京市东城区安定门外大街 138 号皇城国际大厦 A 座 8 层
邮编：100011 电话：010-64263661 64261528
印 刷 | 河北环京美印刷有限公司 010-63568869
(如发现印装质量问题，请与印刷厂联系调换)
开 本 | 880 mm×1230 mm 1/32 印 张 | 6.75 字 数 | 148 千字
版 次 | 2023 年 4 月第 1 版 印 次 | 2025 年 4 月第 11 次印刷
成品尺寸 | 145 mm×210 mm
定 价 | 49.80 元

LOGICAL THINKING

IMAGINATION

FRAME WORK

SOLUTION

MARKETING

STRATEGY

MANAGEMENT

FRAME WORK

用框架思考，提高你的工作效率

框架是许多咨询顾问和精英学者思考和分析问题的工具，被包括麦肯锡咨询公司（以下简称“麦肯锡”）在内的许多世界知名机构使用。利用框架对信息进行整理，能够让使用者站在整体的角度对经营活动进行分析，还能极大地提升发现课题、制订战略和做出决策的准确率。

在经营活动领域，如何运用“框架（framework）”已经逐渐成为商务人士必须掌握的常识。只要掌握了这些有助于把握经营活动整体情况、高效解决问题和做出决策的思考工具，你就能提高工作效率，取得优异的成果。

本书囊括了曾为麦肯锡咨询顾问的大岛祥誉为商务人士精心挑选的46个常用的与经营活动有关的框架，并配以通俗易懂的解说。

逻辑思考、创意思考、解决问题、市场营销、组织管理、经营战略，这些都是商务人士日常工作中经常涉及的领域。本书按照这六个领域划分，介绍了这些领域常用的框架。只要掌握了这些框架，并灵活运用“框架思考”，你就能用最短的时间取得最好的成果。

商务人士必不可少的常识

框架是什么?

在经营环境变化和数字化转型的大背景下，传统的价值观和工作方法也随之发生了巨大的变化。

当今时代要求商务人士能够在有限的时间里取得最大的成果。为了实现这个目标，“自主思考”非常重要。商务人士绝对不能人云亦云、随波逐流，而是要准确地把握自身所处的状况，思考未来应该采取什么行动。这样才能在激烈的竞争中“存活”下来。

身处这样的时代，“框架”是所有商务人士必须掌握的工具。框架是麦肯锡在20世纪80年代提出的，这是为企业战略决策提供帮助的分析和思考工具。

框架就像围棋的定式一样，是许多咨询顾问和精英学者总结出来的商业活动中的“最优解”，也可以说是一种“公式”。只要充分利用框架，你就能高效地做出决策和解决问题，极大地提高工作效率。

掌握“框架思考”的三个好处

提高分析与验证的准确度

单纯地收集信息并将信息罗列在一起是没有任何意义的，但如果能够利用框架将信息“不重复、不遗漏”地整理好，就能够提高分析与验证的准确度，从而更容易解决问题、把握状况。

提高决策效率

在经营活动中，决策的效率非常重要。充分利用框架这个前人总结出来的经验，可以极大地提高决策效率。

有逻辑地表达信息

将想要表达的内容准确地整理并有逻辑地表达出来，是商务人士必不可少的能力。利用框架就能轻而易举地掌握有说服力的表达方法。

应对不同状况

框架的三种类型

有许多不同用途和难易度的框架，但大致可以分为以下三种类型。

第一种类型是“对要素进行分解”的框架。把握问题整体状况的逻辑树（见第58页）和对顾客、竞争对手、企业进行分析并制订战略的3C分析①（见第100页）等就是其中的代表。

第二种类型是“把握流程”的框架。利用计划、执行、评价、改善的循环对业务进行改善的PDCA②（见第162页），将事业细分为各项活动的价值链分析（见第172页）等都属于“把握流程”的框架。

第三种类型是“对比”的框架。在矩阵中决定任务优先顺序的重要度/紧急度矩阵（见第82页）、明确自身产品和服务定位的定位地图（见第188页）等都属于此类。

矩阵一般有两个轴，用四个象限对事物进行分析。

只要理解了上述三种类型的框架，就能把握绝大多数的框架。

---

① 3C分析是从3C的角度对企业所处的经营环境及现状进行分析，并将分析结果应用于制订战略、发现经营课题、分析商品等各个方面的工具。3C指的是市场中的三个参与者：顾客（Customer）、竞争对手（Competitor）和企业（Company）。

② PDCA是Plan（计划）、Do（执行）、Check（检查） 和 Act（改善）的首字母组合。

框架的三种类型

1

“对要素进行分解”的框架

将问题和课题等分解为要素，把握其结构。

逻辑树

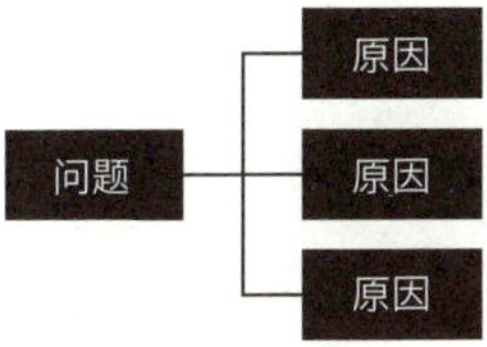

3C 分析

2

“把握流程”的框架

将工作的流程和事务的顺序细分为多个步骤并加以分析。

PDCA

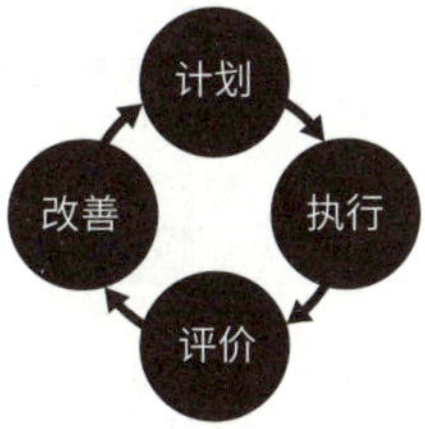

价值链分析

3

“对比”的框架

利用“价格”和“设计与性能”、“重要度”和“紧急度”等不同的维度进行分析。

重要度 / 紧急度矩阵

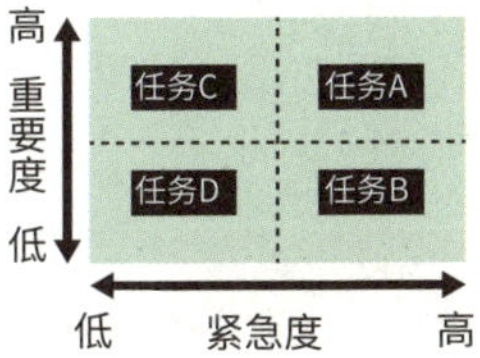

定位地图

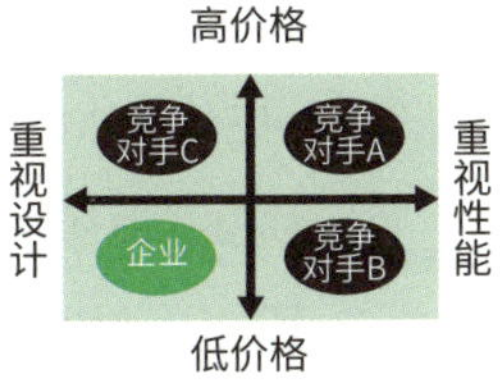

主要框架的用途与难度

用途	初级	中级	高级
提高“逻辑思考能力”	● MECE原则 ● 六顶思考帽法 ● 认知重建	● 金字塔结构 ● PREP法 ● 归纳法与演绎法	
拓展“创意和想象力”	● 书面头脑风暴法 ● KJ法 ● 曼陀罗思考法	● SCAMPER法 ● 利弊均衡表 ● 支付矩阵 ● 决策矩阵	
发现“解决问题”的最短路径	● 逻辑树 ● 流程图 ● 差距分析 ● 空—雨—伞	● ABC理论 ● 重要度/紧急度矩阵	● 议题树 ● 假设思考
制订“市场营销战略”	● 3C分析 ● STP分析 ● 用户画像分析 ● 消费者旅程	● 市场营销组合 ● 五力分析 ● AIDMA模型 ● 产品生命周期	● PEST分析 ● 核心竞争力分析 ● 品牌资产
让“组织与团队”的成果最大化	● 5W1H（6W2H） ● PDCA	● KPI树 ● 7S分析 ● 马斯洛需求理论	● 卡茨管理技能模型 ● PM理论
制订“经营战略”	● 安索夫矩阵 ● 波特的三个基本战略 ● 定位地图	● 帕累托法则 ● SWOT分析 ● 价值链分析	● 波士顿矩阵

表格中相关术语的释义如下：

MECE是Mutually Exclusive，Collectively Exhaustive的缩写，意为“相互独立，完全穷尽”，即分类是不重复、不遗漏的。

PREP是Point（结论）、Reason（理由）、Example（事例）、Point（结论）的首字母组合。

KJ法是利用内在相互关系（亲和性）对处于混乱状态中的资料加以归纳整理，然后找出解决问题新途径的方法。

SCAMPER是Substitute（替代）、Combine（合并）、Adapt（调适）、Modify/Magnify（修改/扩大）、Put to other uses（转用）、Eliminate（消除）、Rearrange/Reverse（重组/反转）的首字母组合。

ABC是Activating event（事件）、Belief（信念）、Consequence（结果）的首字母组合。

STP分析是以市场细分（Segmentation）、目标市场选择（Targeting）、市场定位（Positioning）为组成要素的分析方法。

AIDMA是Attention（注意）、Interest（兴趣）、Desire（欲望）、Memory（记忆）、Action（行动）的首字母组合。

PEST是Political（政治）、Economic（经济）、Social（社会）和Technological（技术）的首字母组合。

5W1H是指Why（何因）、What（何事）、Where（何地）、When（何时）、Who（何人）、How（何法），6W2H是在5W1H的基础上增加了Whom（为谁）和How much（多少）。

KPI是关键绩效指标（Key Performance Indicator）。

7S分析是对构成组织的七个要素之间的相互关系进行分析，使组织顺利运转起来的管理工具。7S分别指Strategy（战略）、Structure（组织结构）、System（内部系统）、Style（组织文化）、Skill（组织技能）、Staff（人才）、Shared value（共享价值观）。

PM理论是研究领导行为模式的理论，该理论认为任何一个团队都具有两种功能：达成团队目标的P功能（Performance，性能）和维持团队存在的M功能（Maintenance，维护）。

SWOT是Strengths（优势）、Weaknesses（劣势）、Opportunities（机会）、Threats（威胁）的首字母组合。

活用框架的方法

将框架变成自己的东西

初学者很容易陷入的误区就是认为“框架是万能的”“只要记住了框架就没问题”，但实际上框架只是帮助加深思考的工具。如果不根据具体的目的应用，框架本身没有任何意义。

如果我们想要销售A商品，就需要思考这件商品是否符合顾客的需求、其市场吸引力在哪里、有哪些竞争对手，然后根据上述目的选择合适的框架来进行思考。不管掌握多少框架，如果不能将其用在最合适的地方就无法得到最优解。

如果我们想要用好框架就不能死记硬背，而应该在实际工作中反复练习使用框架的技巧，比如自己设计两个坐标轴并制作矩阵对问题进行分析。

与死记硬背数量众多的框架相比，通过实际使用来把一个个框架变成自己掌握的思维工具，才是更加有效的学习框架的方法。只有将理论与实际相结合，我们才能真正地掌握“框架思考”的方法，提高思考和分析的准确性。

CONTENTS

目录

第五章

让“组织与团队”的成果最大化的框架

第六章

制订“经营战略”的框架

◆ 逻辑思考的基础

MECE 原则和“金字塔结构”是逻辑思考的基本框架。将“不重复、不遗漏”贯彻到底，养成将事物按结构分解的习惯，就能提高逻辑思考的能力。

01 MECE 原则　　**02 金字塔结构**

◆ 转换视角，多元思考

在逻辑思考的时候，对事物进行多元思考是非常重要的。掌握多元思考的框架，就能够转换视角，对事物进行全面分析。

01 六顶思考帽法　　**02 认知重建**

◆ 有逻辑地表达信息

在会议上作报告的时候，我们需要将信息条理清晰地表达出来。掌握提高说服力和表达力的框架，就能提高逻辑表达的能力。

01 PREP 法　　**02 归纳法与演绎法**

第一章

提高『逻辑思考能力』的框架

为了能够对事物进行系统化的整理，将信息条理清晰地表达出来，必须用到逻辑思考，这也是应用任何框架都必须掌握的思考方法。大家务必掌握逻辑思考的技巧，因为这是学习框架的基础。

逻辑思考的基础

01 MECE 原则

通过提炼要素对思考进行整理

使用方法 **使用 MECE 原则，可以将创意和课题等分析对象“不重复、不遗漏”地列举出来，通过将要素细分，找出最本质的要素。**

使用示例

什么框架？

通过“细分”准确地把握整体情况

MECE是“Mutually Exclusive Collectively Exhaustive”的缩写，是将分析对象不重复、不遗漏地进行分解和分类的框架。这个框架最早是麦肯锡发明的，如今已经成为逻辑思考的基本工具了。

绝大多数需要解决的问题，都是由多个要素以非常复杂的方式结合起来的。如果直接进行分析和思考，很容易出现重复和遗漏，导致工作效率降低。在这种情况下，将问题不重复、不遗漏地细化分解成许多小要素，就能够更容易找到问题的本质。

比如将成年女性分为职业女性、家庭主妇、自由职业者三种

MECE 原则的用途与难度

✕ 有遗漏
✕ 有重复

✕ 有遗漏
✓ 无重复

✓ 无遗漏
✕ 有重复

✓ 无重复
✓ 无遗漏

1 **设定分析对象**

设定分析对象，比如“顾客”“所有部门的销售额”等。

2 **将分析对象“分解”**

设定分析对象之后，将其组成要素逐一分类。

3 **确认没有重复或遗漏**

确认分解的要素没有重复或遗漏。

保证 MECE 原则不会失败的关键

防止混入不合适的内容

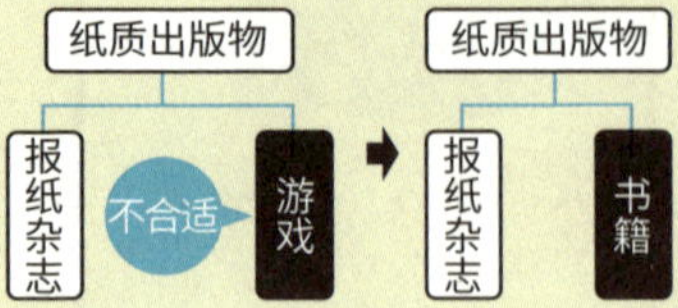

保证上下部分的关系正确

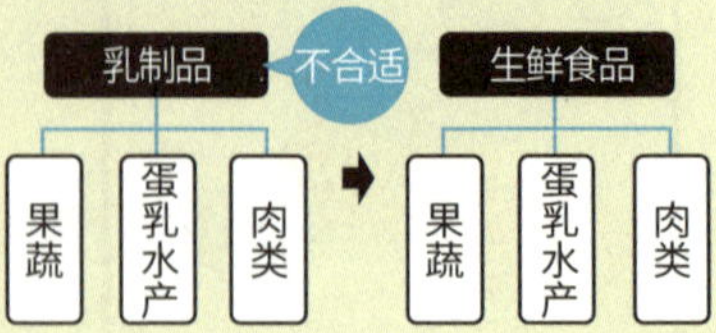

重复还可以补救，但遗漏非常致命

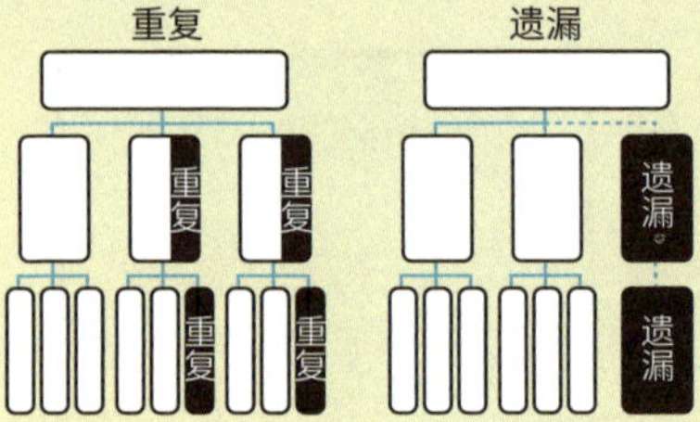

重点①

重复的内容可以进行补救，少许重复的内容只会影响效率，而如果没有及时发现遗漏的内容的话，就很可能永远也发现不了了。

“其他”会降低选项的准确度

重点②

设置“其他”的选项虽然可以做到“不遗漏”，但如果其中包括太多内容，则会降低选项的准确度。

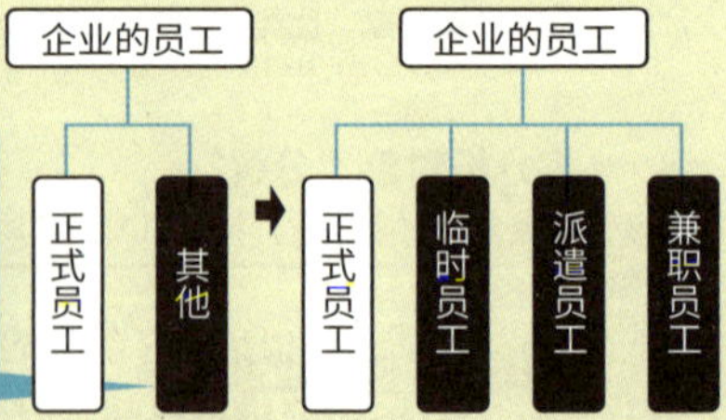

类型，就会遗漏学生，而自由职业者和职业女性也有重复，但如果按照年龄段和婚姻状况进行分解，就不会出现重复和遗漏的情况。

如何使用?

根据分析的目的选择最合适的分解方法

根据MECE原则，分解方法主要有以下四种。

①**要素分解：**将分解后的要素全部相加就能组成整体的分解方法，比如按照年龄段进行分解。

②**时间分解：**以时间顺序为要素进行分解的方法，比如将产品从生产到销售的流程进行分解。

③**概念分解：**将对象按照“内与外”“质与量”等概念进行分解。

④**因数分解：**将销售额分解为“客单价×顾客数×购买频率”的方法。

使用MECE原则的关键在于根据分析的目的选择最合适的分解方法。为了准确地把握整体情况，需要特别注意不要“遗漏”。

锻炼框架思考

练习题

假设你所在的企业的销售额下降了，请你将销售额的组成进行分解，找出导致销售额下降的原因。

逻辑思考的基础

02 金字塔结构
通过收集论据来支撑论点

使用方法 使用金字塔结构，可以将用来支撑论点的论据以金字塔的形式整理出来，通过把握逻辑的流程，将内容不矛盾、不混乱地准确表达出来。

使用示例

什么框架？

利用多个层级的论据来支撑位于顶端的论点

在会议上进行说明时，要想让别人接受你的论点，你就必须拿出充足的论据来支撑你的论点。能够让逻辑更加清晰、论点更有说服力的框架，就是“金字塔结构”。通过将用来支撑论点的论据以金字塔的形式整理出来，可以消除存在矛盾和混乱的内容，将论点更加准确地表达出来。

就像字面意思表达的那样，金字塔结构就是将逻辑按照金字塔的结构组合起来。比如将“应该开展新事业”的论点放在金字塔的顶端，那么在其下方就是“消费者的需求增加了”“现在没

使用说明

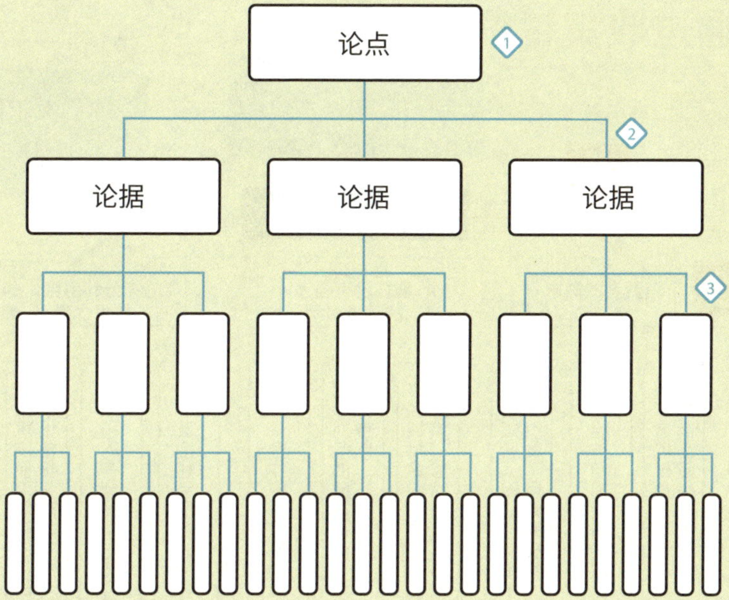

1 **在顶端写出自己的论点**

将自己的论点放在金字塔的顶端。

2 **在论点下方列举论据**

在论点的下方列举出三四个支撑论点的论据。

3 **继续列举论据**

在论据的下方继续列举出支撑上述论据的论据。

金字塔结构的使用示例

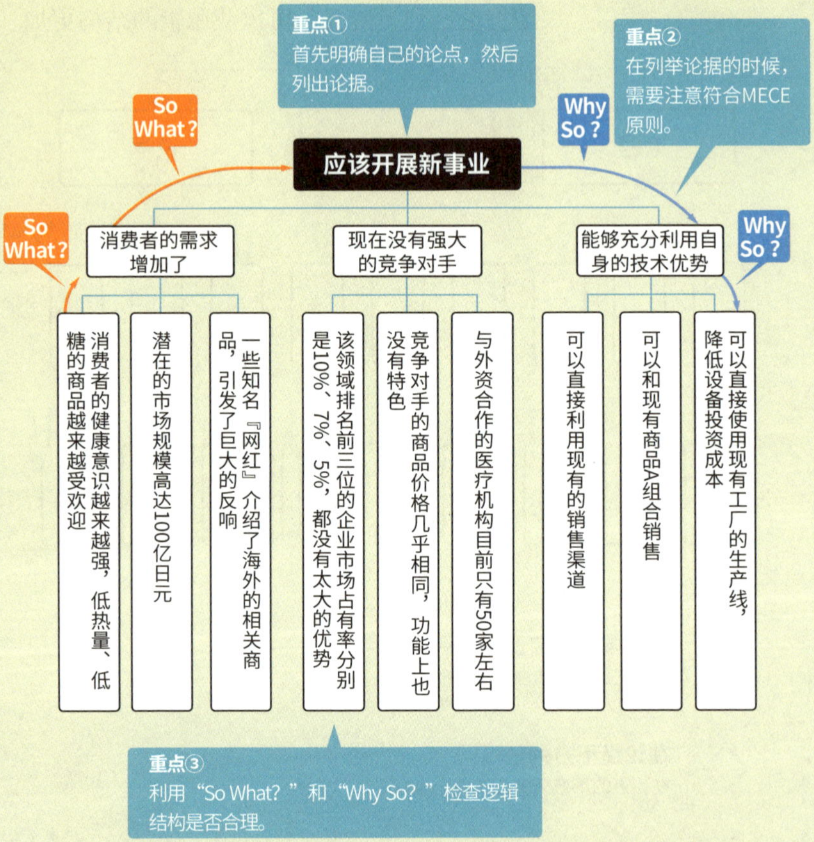
重点①
首先明确自己的论点，然后列出论据。
重点②
在列举论据的时候，需要注意符合MECE原则。
So What?
Why So?
应该开展新事业
So What?
消费者的需求增加了
现在没有强大的竞争对手
能够充分利用自身的技术优势
Why So?
消费者的健康意识越来越强，低热量、低糖的商品越来越受欢迎
潜在的市场规模高达100亿日元
一些知名『网红』介绍了海外的相关商品，引发了巨大的反响
该领域排名前三位的企业市场占有率分别是10%、7%、5%，都没有太大的优势
竞争对手的商品价格几乎相同，功能上也没有特色
与外资合作的医疗机构目前只有50家左右
可以直接利用现有的销售渠道
可以和现有商品A组合销售
可以直接使用现有工厂的生产线，降低设备投资成本
重点③
利用“So What?”和“Why So?”检查逻辑结构是否合理。

有强大的竞争对手”“能够充分利用自身的技术优势”等支撑这个论点的三四个论据。

然后在上述论据的下方再列举出支撑这些论据的论据。

像这样层层递进地将论据列举出来，可以使逻辑的结构更加清晰，使自己的论点更加有说服力。

如何使用？

利用“Why So?”和“So What ?”检查逻辑结构

为了保证逻辑关系合理，你需要从位于顶端的论点开始逐一思考“Why So？”（为什么要这样？）。比如“为什么要开展新事业？”→“因为消费者的需求增加了”。

与此同时，你还要从下往上反向思考“因为有需求，所以……”的“So What？”（因此会怎样？）的关系是否成立。

此外，需要注意的是，你不能对自己的论点深信不疑，只搜集对自己的观点有利的信息来作为支撑的论据。

锻炼框架思考

练习题

将你正在思考的业务改善方案或新事业方案，以逻辑或数字论据为基础按照金字塔结构组合起来。

转换视角，多元思考

01 六顶思考帽法

利用六个视角激活大脑

使用方法 让参与者分别扮演六个不同的角色，从新的视角提出自己的意见。在希望提高“头脑风暴”和会议的活跃程度时，使用六顶思考帽法是非常有效的。

什么框架？

利用六顶帽子强行改变视角

如果每次参与“头脑风暴”的人都是相同的，时间久了就很容易出现思维僵化的问题，导致每次提出的创意都大同小异。为了避免出现这种情况，让参与者能够灵活地站在全新的视角提出创意，就需要用到爱德华·德·波诺提出的“六顶思考帽法”。

爱德华·德·波诺提出了不被现有观念束缚，站在多元视角对事物进行观察的“水平思考”理念。使用“六顶思考帽法”，要先准备六顶颜色各异的帽子，不同颜色代表不同的角色，戴上帽子的人必须站在自己扮演的角色的角度进行思考。在实际应用中，也可以不准备帽子，用六种不同颜色的卡片来代替。

使用说明

1. **决定颜色（角色）**
   事先决定好要讨论的主题，会议主持人、记录员以及各个参与者的颜色和扮演时间。

2. **站在自己扮演的角色的角度参与讨论**
   改变立场，站在自己扮演的角色的角度对会议主题展开讨论。

3. **共享会议结果**
   讨论结束之后，全员对决定的事项进行共享，明确任务分工。

使用六顶思考帽法的示例

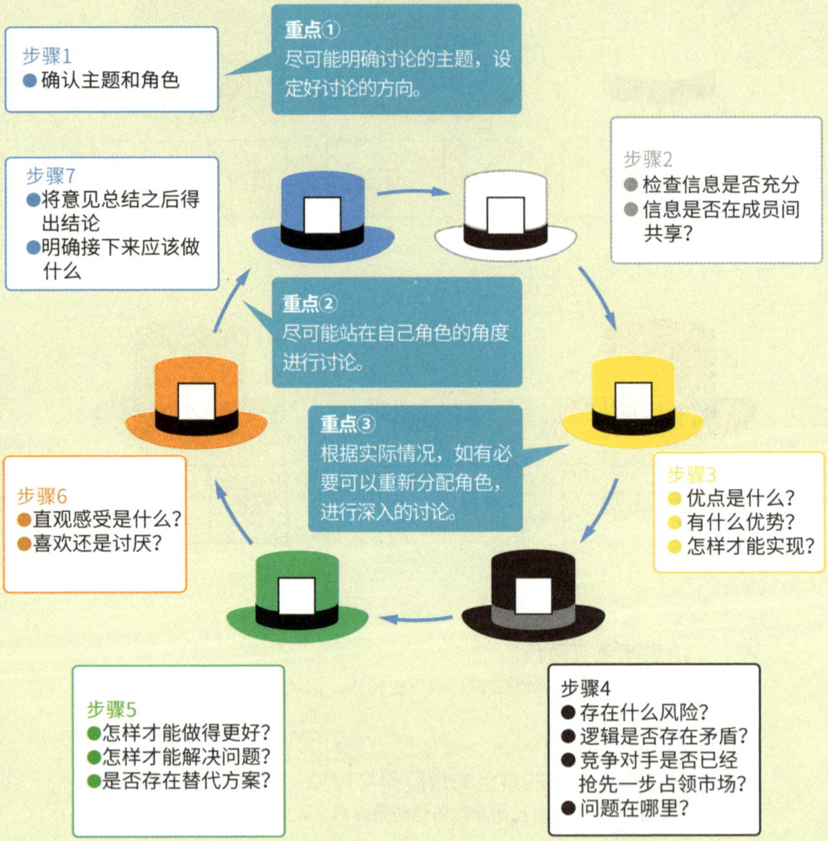

站在与平时不同的立场进行思考，能够让人不被平时的思维习惯束缚，获得全新的视角，从而想出平时想不到的创意。

如何使用？

在过程中进行角色转换，可以使视野变得更加开阔

在六种颜色之中，白色代表客观，用数据和事实看待问题；红色代表主观，感性看待问题；黄色代表积极、乐观；黑色代表消极、否定；绿色代表以创新思维思考问题；蓝色代表从整体角度思考问题。

首先，让参与者分别扮演六个不同的角色。

其次，确定发言顺序。在讨论开始之后，参与者分别站在自己角色的角度进行思考和发言。为了使讨论更加活跃，还可以每经过一段时间就将参与者扮演的角色进行交换，只要是能够提高活跃程度的举措都可以尝试。

最后，所有参与者都站在蓝色角色的角度对讨论的内容进行总结。

即便在独自一人的时候，也可以使用六顶思考帽法作为多元思考的工具。

锻炼框架思考

练习题

试着使用六顶思考帽法对自己所在企业的项目和问题展开讨论。你也可以一个人从六个角度进行思考。

转换视角，多元思考

02 认知重建
通过改变定位使“劣势”变成“优势”

使用方法 使用认知重建，可以换一个角度来看待那些令人感到烦恼的负面要素，通过从不同的角度进行分析，找出改变现状的方法。

使用示例

什么框架？

将负面要素转变为正面要素

认知重建是通过改变思考角度，将负面要素转变为正面要素的框架。认知重建先被应用于心理治疗，后来在经营领域也被广泛使用。

首先，将“问题出在哪里”“有什么难点”等课题包含的负面要素全都找出来；其次，将这些负面要素逐一进行认知重建，即便不能转变为正面思考，也可以从不同的角度进行分析，找出改变现状的方法。

认知重建被广泛应用在经营领域。企业制订战略时常用的SWOT分析就是对企业的优势和劣势进行分析，从而把握机会、

使用说明

① 明确问题和难点
将课题包含的问题和难点等负面要素都找出来。

② 寻找能够对事实进行解释的框架
用“为什么”来深入挖掘思考和行动的理由，寻找对事实进行解释的框架。

③ 尝试改变框架重新进行思考
通过改变框架使不满足的状态变为满足的状态，将负面要素转变为正面要素。

"认知重建"分为"意义重建"和"状况重建"

意义重建

从不同的角度对负面因素进行分析，将其转变为正面因素

负面因素	正面因素
争强好胜、性格急躁	积极向上、有热情
任性妄为	有自己的主见
"三分钟热度"	好奇心旺盛
意志薄弱	思想灵活
工作失败	成长的机会
被上司训斥	事前及时发现问题，避免出现损失

重点①
用"是否还有其他的意义""有没有什么正面的价值"的框架对事情和现象进行重新审视，从绝大多数人都认为是负面的要素之中找出正面的意义。

状况重建

通过改变负面因素的状况，使其转变为正面因素

负面因素	正面因素
喜欢找理由	适合做学者和研究人员
做事过于仔细导致工作效率低	从事需要认真、细致态度的工作
爱说话	可以负责接待工作
晚上睡不着	适合上夜班
不擅长做固定流程的工作	适合做设计、策划等需要创意的工作
黏性较差的胶水	用于可以重复粘贴的便签上的胶水

重点②
用"在其他的状况下是否能够发挥出积极作用"的框架对事情和现象进行重新审视，在找出能够将负面因素变为正面因素的状况之前，可以尽可能地发挥想象力。

消除威胁。经营领域的认知重建则是将SWOT分析中的制约和劣势等负面要素转变为正面要素。

如何使用？

分为“意义重建”和“状况重建”

大体来说，认知重建有两种方法。

第一种是“意义重建”，指的是从不同的角度对负面因素进行分析，将其转变为正面因素的方法。

第二种是“状况重建”，指的是通过改变负面因素的状况，使其转变为正面因素的方法。比如将“黏性较差的胶水”转变为“用于可以重复粘贴的便签的胶水”就是一个典型示例。

但需要注意的是，认知重建并不是单纯地将负面因素变为正面因素。认知重建的意义在于打破“这件事就应该是这样”的传统思维和价值观，使自己拥有多元的视角。

锻炼框架思考
练习题

列出自己的缺点或劣势，然后利用认知重建将其变为优点或优势。

01 PREP 法
通过“先说结论”来提高说服力

使用方法 在经营活动之中，要想有逻辑地表达信息，就需要按照 PREP 法（结论→理由→事例→结论）的顺序来组织语言，还要根据目的选择不同的表达信息的方法。

使用示例

什么框架?

在开头和结尾用“结论”来增加说服力

在进行“报联商”（报告、联络、商谈）的时候，有逻辑地组织语言是提高交流效率的关键。

如果想有逻辑地将信息表达出去，那就可以使用“PREP法”的框架。

PREP是Point（结论）、Reason（理由）、Example（事例）、Point（结论）的首字母组合。

PREP法最大的特点是“先从结论说起”，然后简洁地说明理由，再列举出具体的事例，最后进行总结，将结论再说一次。

使用说明

		具体句式
Point	结论 （观点、要点）	• 从结论来说…… • 最重要的内容是…… • 我认为……
Reason	理由 （解释、思考）	• 理由是…… • 因为…… • 我这么说是因为……
Example	事例 （事实）	• 比如…… • 具体来说…… • 根据数据来看……
Point	结论 （再次陈述结论）	• 综上所述…… • 因此…… • 我再重复一遍……

1 **陈述结论**

先表达结论和要点。

2 **陈述理由**

说明得出结论的理由，使用“因为……”之类的句式进行说明。

3 **陈述事例**

利用具体的事实对理由进行详细的说明，使用“比如……”之类的句式进行说明。

4 **再次陈述结论**

最后，重复开头说过的结论，根据前面提到过的理由和具体事例再次对要点进行总结。

有逻辑地表达信息的框架

根据状况选择不同的框架

PREP 法
在开头和结尾都强调想要表达的内容，明确目的

Point	结论
Reason	理由
Example	事例
Point	结论

FABE 法
表达产品和服务的卖点

Feature	特征
Advantage	优点
Benefit	利益
Evidence	证据

SDS 法
将想要表达的内容重复三次

Summary	概要
Details	详细
Summary	概要

DESC 法
以事实为基础，提出客观的意见，避免显得咄咄逼人

Describe	阐述事实
Express	意见
Suggest	提案
Consequence	得出结论

逻辑表达的关键

①逻辑思考是否有遗漏（广度）
确认作为理由的“事实”和“信息”是否做到了不重复、不遗漏，确认是否只搜集了对自己有利的“事实”和“信息”，保证逻辑思考的广度。

②逻辑思考是否足够深入（深度）
用“So What? ”和“Why So? ”对“课题”“结论”“理由”进行深入的挖掘和思考。

③逻辑思考是否合理（跳跃）
利用“So What? ”和“Why So? ”对全部内容进行审视，思考逻辑是否存在跳跃的地方。

重点
要想使自己表达的内容更有说服力，就必须注意这三个关键。

PREP法的关键在于“理由”。如果能够拿出让绝大多数人都能接受而且具有客观性的理由，就会极大地提高说服力。

如何使用？

有逻辑地表达的三个关键

除了PREP法之外，还有SDS[1]法、DESC[2]法等许多用来表达信息的框架。

比如FABE[3]法就是向顾客表达产品和服务的卖点时比较常用的方法。这种方法首先介绍产品的新功能和独一无二的特征，然后介绍产品有哪些优点，接下来阐明这些优点能够给组织和社会带来怎样的利益和价值，最后用证明这些利益和价值的证据作为总结。

但不管使用哪一种框架表达信息，都必须注意逻辑思考是否有遗漏、是否足够深入、是否合理这三个关键。

锻炼框架思考

练习题

想出一个改善业务的提案，然后用 PREP 法将这个提案写出来。

① SDS为Summary（概要）、Details（详情）和Summary（概要）的首字母组合。

② DESC为Describe（阐述事实）、Express（意见）、Suggest（提案）和Consequence（得出结论）的首字母组合。

③ FABE为Feature（特征）、Advantage（优点）、Benefit（利益）和Evidence（证据）的首字母组合。

02 归纳法与演绎法

用最短的路径得出具有说服力的结论

使用方法 **总结多种事情和现象表现出来的趋势，得出结论的方法就是“归纳法”；总结普遍的趋势，得出结论的方法就是“演绎法”。**

什么框架？

能够应用在其他框架之中的基本方法

我们平时经常会在无意识中使用归纳法和演绎法这两种方法来进行逻辑思考。

归纳法是总结多种事情和现象表现出来的趋势，得出结论的方法。因为归纳法使用了很多信息作为论据，所以会给人一种客观、公正的感觉，让对方更容易被说服。比如根据“A公司没有推出新商品”“A公司有很多员工辞职”“A公司迟迟没有支付欠款”等情况，可以得出“A公司陷入了经营困境”的结论。

演绎法是总结普遍的趋势，得出结论的方法。比如“因为日元升值，所以进口商品的价格有所下降”就是典型的例子。不过

使用说明

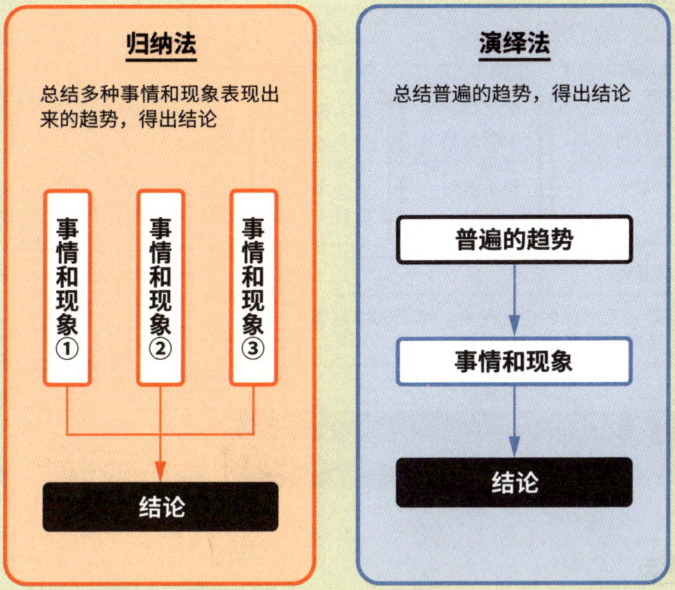

1. **选择合适的方法**
   根据实际情况，从归纳法和演绎法之中选出最合适的方法。

2. **利用归纳法和演绎法进行思考**
   利用选中的方法对问题进行思考。

3. **得出结论**
   根据思考的结果找出解决问题的办法。

归纳法与演绎法的示例

归纳法

事情和现象①

中国的高端面包市场逐年扩大

事情和现象②

中国的高端面包市场竞争不激烈

事情和现象③

自己所在的企业能够在中国的高端面包市场发挥自身优势

共同点

对自己所在的企业来说，中国的高端面包市场非常有吸引力

结论

自己所在的企业应该进军中国的高端面包市场

重点①
拥有一定数量的样本数据是归纳法的前提。如果以偏颇的样本作为分析的基础，会对结论的准确性和说服力造成极大的负面影响。

重点②
从“部分”到“整体”的推论法。虽然很合理，但并非“绝对正确”。得出的结论不能过于抽象，应该尽可能具体。

演绎法

普遍的趋势

现代社会非常重视个人信息保护

事情和现象

自己所在的企业有许多与个人信息相关的业务

结论

自己所在的企业必须在保护个人信息上加大投入力度

重点③
关键在于掌握多少基础知识和规则。如果作为基础的知识和规则存在错误，就会得出错误的结论。

重点④
从“全体”到“个别”的推论法，得出的结论毋庸置疑，也在意料之中。

进口商品的价格下降不一定是因为日元升值，两者反过来不一定同样成立，这一点尤其需要注意。

在使用逻辑树等框架时，也需要用到上述两种方法。

如何使用？

根据实际情况选择两种方法

在经营活动之中，在制订销售方案和市场营销方案等从大量样本中找出规律的时候就需要用到归纳法，而在制订事业方针和企业战略等根据过去的经验来思考未来的选择时则需要用到演绎法。也就是说，我们应该根据实际的情况选择最合适的方法。

使用归纳法时，我们需要拥有一定数量的样本数据，而且结论必须具体，不能抽象。使用演绎法时，我们必须掌握一些基础知识和规则。

锻炼框架思考

练习题

“根据多个商品的问卷调查结果，找出热门商品的特征”，这属于归纳法还是演绎法？

◆ 想出全新的创意

为了想出前所未有的突破性创意，“量比质更加重要”。

因此需要采取与常用的“头脑风暴”不同的方法来提高激发创意的效率。

01 书面头脑风暴法　　**02 KJ 法**

◆ 发散思维

感觉创意遭遇瓶颈，不妨尝试一下开阔思维的框架。

通过改变视角和多元联想，使创意无限扩展。

01 SCAMPER 法　　**02 曼陀罗思考法**

◆ 评估创意

在将创意变为现实之前，要对创意的可行性进行评估。

以下框架可以帮助你在多个创意中找出最切实可行的、有效的创意。

01 利弊均衡表　　**02 支付矩阵**　　**03 决策矩阵**

第二章

拓展『创意和想象力』的框架

优秀的创意并不会在突然间凭空出现。激发创意不能只靠灵机一动，而是有具体的技巧。只要使用能够拓展“创意和想象力”的框架，就能源源不断地想出高品质的创意。

想出全新的创意

01 书面头脑风暴法
用接力的方式想出 108 个创意

使用方法 **使用书面头脑风暴法，让参与者轮流填写创意表格，可以在短时间内提出大量创意。如果有六名参加者的话，就可以在 30 分钟之内提出 108 个创意。**

使用示例

我希望能够在短时间内尽可能多地获得改进销售体系的建议。

什么框架?

让所有人都能平等提出创意的框架

书面头脑风暴法是让所有参与者轮流填写创意表格，在短时间内提出大量创意的框架。

虽然这也是一种“头脑风暴”，但其最大的特征就是不需要参与者发言。在普通的“头脑风暴”之中总会有一些参与者很少获得发言的机会，而书面头脑风暴法可以让所有参与者都有提出自己创意的机会。因此，书面头脑风暴法更容易获得有建设性和创造性的创意。

书面头脑风暴法的参与者一般为六人。使用书面头脑风暴

使用说明

主题【 1 】

	A	B	C
1	第一个人的A创意	第一个人的B创意	第一个人的C创意
2	第二个人的A创意	第二个人的B创意	第二个人的C创意
3	第三个人的A创意	第三个人的B创意	第三个人的C创意
4	第四个人的A创意	第四个人的B创意	第四个人的C创意
5	第五个人的A创意	第五个人的B创意	第五个人的C创意
6	第六个人的A创意	第六个人的B创意	第六个人的C创意

1 **明确创意的主题**

在表格的最上方写明创意的主题。

2 **逐一填写创意**

六名参加者将与主题相关的创意填写在表格中。

3 **每个人依次填写创意**

五分钟之后，每个人将自己的表格递给左边的人，然后继续填写创意。

4 **用创意将表格填满**

五分钟后重复上述步骤，直到表格被创意填满。

30 分钟能够获得 108 个创意（18 个创意 / 人 ×6 人）。

书面头脑风暴法的使用技巧

参考他人的创意增加自己的灵感

主题【如何改进销售体系】

	A	B	C
1	设定行动目标	提高销售技能	重视销售流程
2	找出50个销售目标	举办内部学习会	增加与顾客接触的次数
3	确定销售活动规则	制作销售手册	增加与顾客面对面以外的接触
4	以周为单位制订行动计划	根据顾客类型制作不同的文件	分析潜在顾客的需求
5	对销售活动的实施状况进行管理	进行角色扮演	给顾客评级
6	突破瓶颈	共享成功经验	完善售后服务体系

重点①
将创意写在纸上，保证每个人都有机会提出自己的意见。参考其他人的创意，还能增加灵感，使自己想出平时想不到的创意。这就是书面头脑风暴法的优点。

遵守“头脑风暴”的四项基本原则

自由发挥
创意不必过于严谨，自由发挥想象，畅所欲言

严禁批判
不要批判别人的创意，不要急于得出结论

欢迎补充
参考其他人的创意进行联想和补充

重量不重质
从尽可能多的视角提出创意，不必追求创意的准确度

重点②
以上四项是“头脑风暴”必须遵守的基本原则。除此之外，还可以设定其他规则，比如只列举梦想、希望、优点等正面创意（积极列举法），或者只列举不满、不安、缺点等负面创意（消极列举法）等。

法，首先明确“头脑风暴”的主题和关键词，然后给每个人发一份表格，每个人在表格中写下自己的三个创意。五分钟之后，每个人将自己的表格递给左边的人，然后接过右边的人递过来的表格，继续写下三个创意。五分钟之后，每个人重复上述步骤。

在填写创意的时候，每个人既可以参考前面的人提出的创意进行发展和补充，也可以根据自己的想法填写全新的创意。

所有人都将表格填满大约需要30分钟，这样能够获得108个创意。

如何使用?

目的不在于评价创意而在于“将表格填满”

头脑风暴法的四项基本原则是“自由发挥”“严禁批判”“欢迎补充”“重量不重质”。书面头脑风暴法也需要遵守这四个基本原则。

书面头脑风暴法的目的不在于对创意进行评价，而是在有限的时间内尽可能多地提出创意，将表格填满，然后在大家提出的创意之中寻找对接下来的发展有帮助的创意。

锻炼框架思考

练习题

针对自己所在企业的新产品和新服务等，请你与同事们一起通过书面头脑风暴法提出创意。

想出全新的创意

02 KJ 法
将繁杂的信息分组，产生全新的创意

使用方法 使用 KJ 法，首先要明确主题，然后围绕主题尽可能多地提出创意和课题，接着将这些信息分组，摸清规律，从而发现全新的创意和解决问题的方法。

什么框架？

将创意和课题分组后重新组合

KJ法是将写有创意和课题的卡片（便签）由小分类到中分类，再到大分类进行分组，通过将繁杂的信息综合起来获得全新的创意，从而找出解决问题的方法。

在明确主题之后，将创意和课题逐一写在卡片上；然后将内容相似的卡片归为一组，找出其中共同的特征写在分组的封面上；接着将关系相近的分组放在一起，用线条将其框起来，并用箭头表示卡片和分组之间的相关性；最后，将上述内容客观地、有逻辑地用文字表述出来，并验证是否存在矛盾的地方。

使用说明

1 **写出创意和课题**

明确主题之后，将创意和课题逐一写在卡片（便签）上。

2 **设置小分组**

写完卡片之后，将内容相近的卡片归为一组，将它们的共同特征写在分组的封面上。

3 **设置中分组**

将内容相近的分组再次归为一组，将它们的共同特征写在分组的封面上。

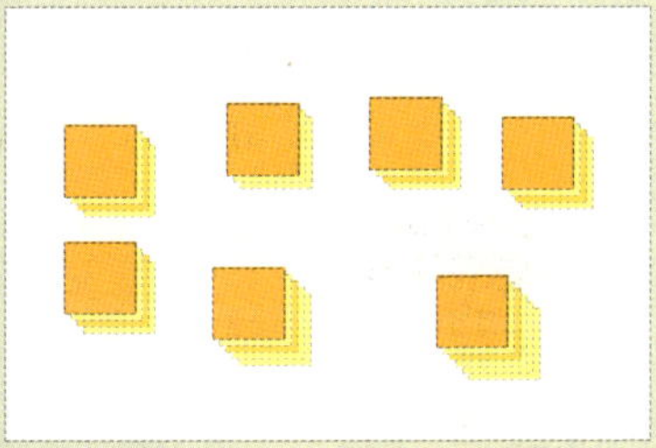

4 **设置大分组并明确相关性**

将关系相近的分组放在一起，用线条将其框起来，并用箭头表示卡片和分组之间的相关性。

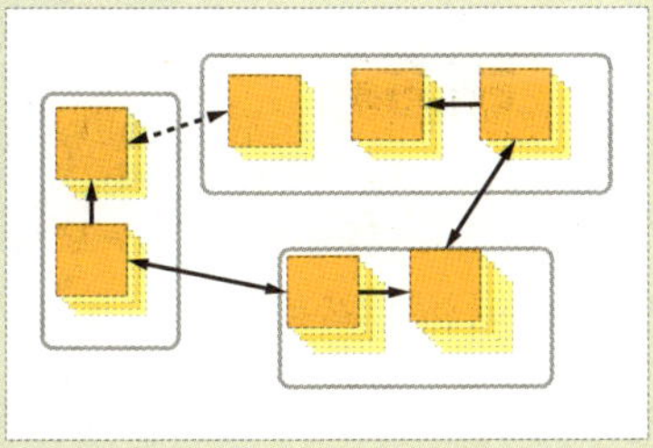

利用 KJ 法的示例

对提高职场活跃度的创意进行归类分析

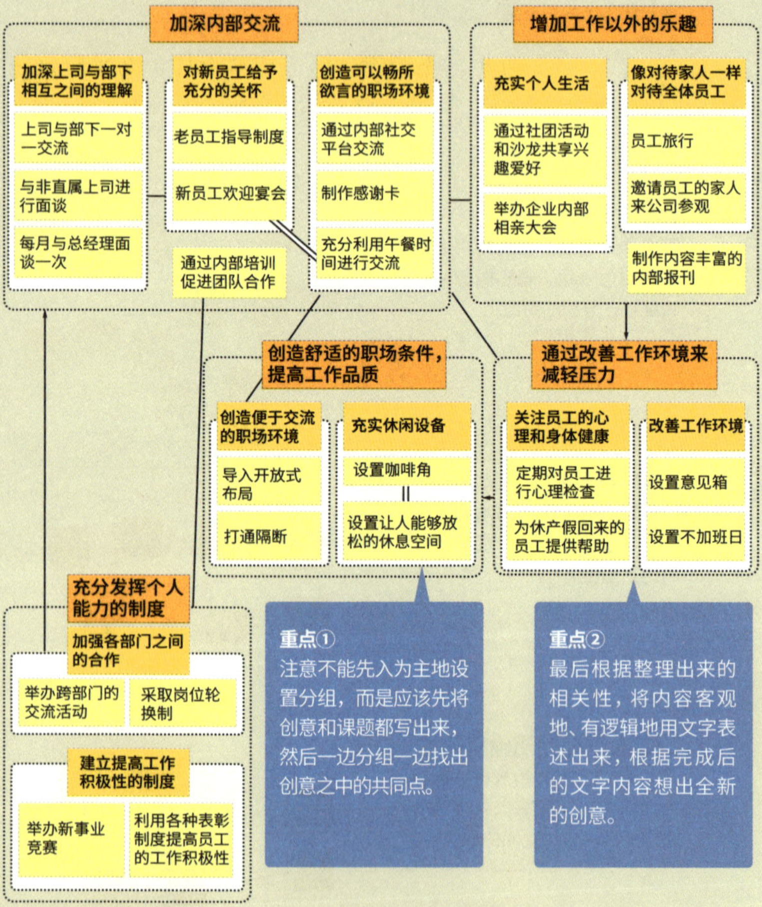

重点①
注意不能先入为主地设置分组，而是应该先将创意和课题都写出来，然后一边分组一边找出创意之中的共同点。

重点②
最后根据整理出来的相关性，将内容客观地、有逻辑地用文字表述出来，根据完成后的文字内容想出全新的创意。

如何使用？

自下而上根据直觉进行分组

在使用KJ法时，需要注意以下三点：

①自下而上进行分析：不要先分组再填写卡片，而是应该先在卡片上填写内容，然后根据直觉自下而上进行分组。

②全面分析：如果在分组时选用了“其他”作为分组的标签，那就无法进行分析了。只有将所有的卡片都放在相应的分组之中，才能明确各个分组之间的关系。

③单词表述准确：写在卡片上的内容必须表述准确，能够充分地表现出隐藏在其背后的丰富信息。

KJ法不但是对创意和课题进行整理的方法，同时也是想出全新创意的方法。使用KJ法的关键在于养成在日常工作中收集创意的习惯。

锻炼框架思考

练习题

多人围绕一个主题尽可能多地提出创意（或者课题），然后使用 KJ 法进行分析与整理。

发散思维

01 SCAMPER 法
通过七个问题对创意进行多元化展开

使用方法 使用 SCAMPER 法，可以通过替代、合并、调适、修改 / 扩大、转用、消除、重组 / 反转七个问题对创意和主题进行深入的挖掘与思考。

使用示例

什么框架？

全新的创意不会自己出现

有时候，即便进行“头脑风暴”也难以获得全新的创意，因为新创意并不会自然而然地出现。

在这种时候，我们就可以用从现有的创意之中找出全新创意的SCAMPER法。这是以“头脑风暴之父”亚历克斯 · 奥斯本创作的著名的“奥斯本检核表”为基础改良而来的，是更为简洁且实用性更强的框架。这是通过替代、合并、调适、修改/扩大、转用、消除、重组/反转七个视角对创意进行多元化展开。

SCAMPER法的使用方法也非常简单，由“头脑风暴”的主持人按照SCAMPER法的顺序提问。“这个原理是否有其他的替

使用说明

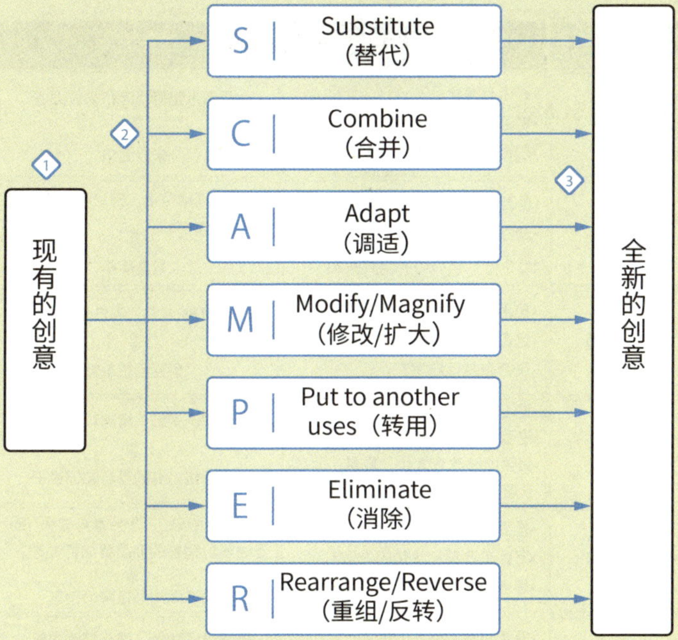

1 **明确作为核心的创意**

确定利用 SCAMPER 法展开的创意和主题。

2 **通过七个问题对创意进行深入挖掘与思考**

基于 SCAMPER 法的七个问题将创意具体化，不必回答全部七个问题。

3 **找出值得关注的创意**

从新发现的创意之中找出能够利用的创意并对其整理和评估。

尝试利用 SCAMPER 法对热门商品进行解读

SCAMPER	现状	改善方案
S 替代	•是否有替代品？ •是否有其他方法制作？ •是否可以用其他材料制作？	能否用米粉替代面粉来做面包？ ⬇ 米粉面包
C 合并	•是否能和其他产品组合起来？ •是否能够将不同的商品混合在一起？ •将不同功能的商品组合起来	能否将移动电话、随身听和相机组合到一起？ ⬇ 智能手机
A 调适	•是否能用在其他方面？ •是否有与之相似的东西？ •是否有其他启发？	女性用的脱毛贴，男性也能用吗？ ⬇ 男性用脱毛贴
M 修改 / 扩大	•是否能增加一些东西？ •是否能够改变颜色和设计？ •是否能够改变大小、重量、厚度、长度？	能否将饼干变细，增加巧克力含量？ ⬇ 江崎格力高的百奇装饰饼干
P 转用	•是否有其他使用方法？ •是否有改善和改良的方法？ •是否能够在其他市场使用？	因“包装残破”“产品本身破损”而无法正价销售的商品要如何处理？ ⬇ 通过网络渠道降价销售
E 消除	•是否能够省略？ •是否能够减少？ •是否能够更小、更轻、更低、更短？	删除联网功能，强化打字功能 ⬇ 锦宫公司的电子墨水屏打字机 Pomera（博美拉）
R 重组 / 反转	•上下、左右是否可以颠倒？ •前后是否可以颠倒？ •功能是否可以颠倒？	将汉堡的馅料和面包反过来 ⬇ 用卡芒贝尔奶酪夹面包片的“反转汉堡”

重点①
不必勉强回答所有的问题，如果实在想不出问题的答案就跳过这个问题去思考下一个问题的答案。

重点②
分析想出的新创意是否有值得关注的理由。

代方法？”“这项服务是否能够与其他内容合并？”诸如此类。主持人也可以将SCAMPER法的提问做成提问表，让参会者逐一填写。

如何使用？

不必回答所有的问题

在面向现有市场企划新产品、在新市场提供新服务、在截止日期之前需要高效完成工作等场合，利用SCAMPER法可以消除先入为主的观念，打破常识的束缚，从多个角度来思考创意。

但需要注意的是，使用SCAMPER法时如果一定要回答全部七个问题，可能会需要很长的时间。因此要先明确一些前提条件，比如“30分钟之内”或者“只从调适的角度考虑”，根据实际情况选择合适的问题来进行思考，不必强求回答所有的问题。

锻炼框架思考

练习题

假设你负责开发新的巧克力点心，请试着用 SCAMPER 法思考新商品的创意。

发散思维

02 曼陀罗思考法

利用九宫格产生大量创意

使用方法 使用曼陀罗思考法，在最中央的位置写下主题和目标，然后在九宫格里填满与之相关的创意，最后将 81 个格子填满，以此对创意进行整理，并加深思考。

使用示例

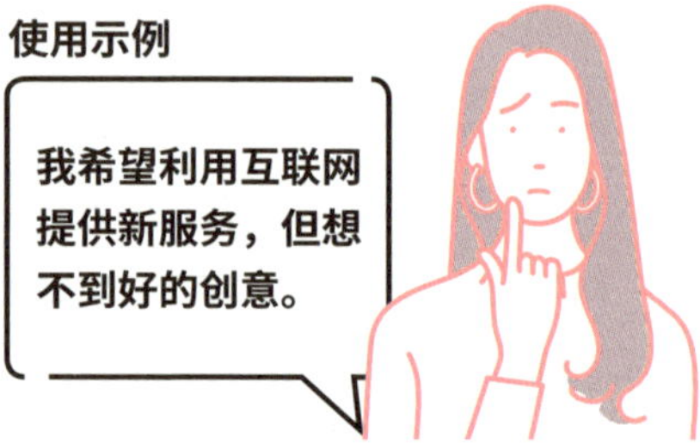

什么框架?

从九宫格开始无限拓展的创意

“曼陀罗思考法”，顾名思义，就像曼陀罗花一样，从中央呈放射状向外扩展，使创意无限拓展。这是由日本学者今泉浩晃发明的方法。当想不出好的创意时，利用曼陀罗思考法可以在很短的时间内对一项事物进行深入的挖掘和思考，从而得到许多新的创意。

曼陀罗思考法的使用方法非常简单，只需要一张纸或者在电脑上制作出一个3×3的表格，将主题和目标写在最中央的位置，然后在周围八个格子里写上相关的关键词。

使用说明

1 确定主题

将主题和目标写在中央的格子里。

2 写出八个关键词

根据主题将联想到的关键词写在周围八个格子之中。

3 将关键词放在周围八个九宫格的中心

将八个关键词再分别放在周围八个九宫格的中心。

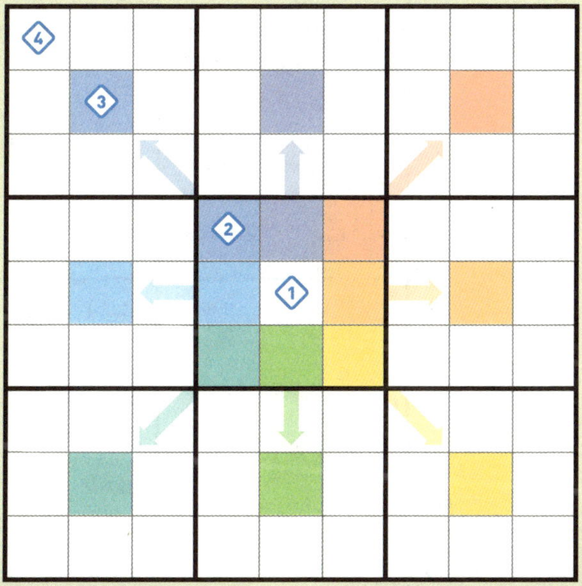

4 将所有的格子填满

根据每个九宫格中心的关键词继续进行联想，将所有的格子填满。

以“在京都开旅店”扩展思考

重点①
只需要根据直觉将创意都写出来即可。

重点②
如果一时间想不到更多的内容，就先换到其他的九宫格去填写。

免费无线网	1杯免费啤酒	会议室	在附近地区做广告	利用社交媒体宣传	充分利用预订网站	健身	共享汽车	图书馆和咖啡厅
电源插座种类齐全	商务活动	提供打印服务	提供观光路线建议	宣传	与旅游公司合作	“求婚支援”服务	全新的服务	传统音乐会
小型工作空间	商务交流会	挂烫机	提供当地最新的消息	定期更新博客	官网内容充实	“女子会”住宿服务	可带宠物	客房按摩
宽大的床	能看到房梁的高天花板	日式传统被炉	商务活动	宣传	全新的服务	周到的服务	结婚纪念日折扣	距离车站步行5分钟
每个客房都有专用插座	舒适的客房	智能马桶	舒适的客房	在京都开旅店	让人愿意再来	附送特别优惠券	让人愿意再来	积分卡
按摩椅	露天浴池	熏香	京都风情	外国人旅客	附属餐厅	实惠的价格	代言人、吉祥物	旅行者之间的交流
具有传统美的装饰	京都话讲座	由古民宅改建而成	坐禅教室	折纸鹤教室	出租和服、浴衣	丰富的早餐种类	日式料理	素食餐品
艺伎表演	京都风情	陶艺体验	融合东西方风格的房间	外国人旅客	多语言服务	季节限定料理	附属餐厅	提供京都本地蔬菜
历史之旅	舞伎体验	服务员都穿和服	连续住宿折扣	深度景点游	低价格的集体宿舍	低糖料理	可以与厨师聊天	抹茶料理

重点③
如果无论如何都想不出创意，可能是因为所选的主题缺乏深入挖掘和思考的价值，应该对位于中心的主题进行调整和变更。

重点④
全部填写完成后，对所写的内容进行确认，整理思考。

为了进一步加深思考，可以在周围继续添加八个九宫格。将中心九宫格的八个关键词分别放在周围八个九宫格的中心，然后根据中心的关键词在周围的八个格子里再次写出相关的关键词。

如何使用？

量比质更重要，优先填满所有的格子

使用曼陀罗思考法最重要的一点就是重量不重质。无论如何都要将所有的格子填满，这是唯一的规则。

不管想到的创意是好是坏，将所有的创意都写出来，事后再进行评价。但需要注意的是，作为中心点的主题一定要明确，否则曼陀罗思考法就会变成单纯的联想游戏。因此，可以将曼陀罗思考法看作是一个拥有明确主题的“头脑风暴”。

在美职棒大联盟（MLB）大放异彩的大谷翔平从高中开始就采用这种方法来帮助自己达成目标。曼陀罗思考法不仅能够开阔思维，还能在找出问题和课题以及设定目标等许多情况下派上用场。

锻炼框架思考

练习题

以自己的目标和课题为中心点，写出八个相关的关键词，然后试着将其发展为曼陀罗九宫格。

评估创意

01 利弊均衡表
对创意的正面因素和负面因素进行整理

使用方法 **为了对繁杂的信息进行取舍，可以使用利弊均衡表将信息的正面因素和负面因素全部列举出来，进行综合判断。这是十分常用的解决问题和决策的方法。**

使用示例

什么框架？

从利弊两个方面进行分析，判断是否应该采用相关创意

通过“头脑风暴”等方法获得大量创意，难以从中选出唯一答案的时候，可以使用“利弊均衡表”这个框架。如字面意思一样，利弊均衡表就是将创意的利（正面因素）和弊（负面因素）全都列举出来的一览表。

利弊均衡表的左侧代表“利（赞成）”，右侧代表“弊（反对）”，将创意的正面因素和负面因素尽可能全面地列举出来，分别填在表格的左右两侧。当所有因素都填写完毕之后，对正面因素和负面因素进行综合判断，决定是否采用这个创意。

使用说明

① 确定想要分析的创意

在通过“头脑风暴”等方法获得的创意之中，选出想要分析的创意。

② 将该创意的正面意见和负面意见都提出来

尽可能多地将正面意见和负面意见逐条列举出来。

③ 确认是否有遗漏

列举完毕之后检查是否存在遗漏。

创意（主题）【 ① 】

利（赞成）	弊（反对）
② 正面的意见①	负面的意见①
正面的意见②	负面的意见②
正面的意见③	负面的意见③
正面的意见④	负面的意见④
正面的意见⑤	负面的意见⑤
正面的意见⑥	负面的意见⑥
正面的意见⑦	③ 负面的意见⑦

④

④ 对正面意见和负面意见进行对比

将表格上的正面意见和负面意见进行对比，判断哪一方占有优势，然后做出决定。

利弊均衡表的使用示例

重点①
如果既有正面意见也有负面意见，就把两者都填上。

导入远程工作

利（赞成）		弊（反对）	
△	时间灵活，能够提高工作效率	○	员工缺乏自律性，可能会影响工作效率
◎	能够削减企业的成本（房租、水电费等）	◎	数据和信息有泄漏的风险
○	能够削减员工的成本（通勤费等）		员工需要自己寻找工作场所
	能够提高员工的健康状况	△	个人需要承担的责任更重
	通过信息技术强化合作意识	○	员工间的交流变少
△	提升优秀人才的忠诚度	△	难以把握员工的工作状况
	减少员工通勤时间		会议效率降低，可能半途而废

委托外部机构进行员工培训

利（赞成）		弊（反对）	
减轻人事部门负担	3	与内部培训相比成本更高	4
保证讲师的专业程度	5	难以在运营层面上进行调整	1
能够客观把握培训成果	1	培训内容与企业状况可能有出入	3
能够获得外部的信息	2	无法积累培训经验	3
能够培养出思维更加灵活的员工	3	难以共享企业理念和经营方针	1
通过与其他企业进行对比了解自身特点	3	不同培训机构在培训方法和效果上存在极大差异	1

重点②
赞成派也可以提出负面意见，反对派也可以提出正面意见。

重点③
如果正面意见和负面意见相差无几，就通过意见重要度的评分来进行判断。

需要注意的是，在进行判断时不能以正面因素和负面因素的数量多少为依据，因为判断的关键在于因素的“重要度”。为了使重要度一目了然，可以在后面用“◎○△”等符号或“1～5”等数字来加以区分。

如何使用？

负面因素对于做出准确的判断非常重要

使用利弊均衡表的时候需要注意不能过于偏重正面因素。如果是自己认为很好的创意，可能自己只会看到其好的一面。

为了避免出现这种情况，最好是让所有利益相关者都参与进来，分别站在赞成和反对的角度提出正面意见和负面意见。这样不但可以得出更有建设性的意见，还可以使所有人共享赞成与反对的理由，提高相关人员的参与意识，并使他们更容易接受决策的结果。

此外，对于负面意见，还可以思考是否有替代方案或者其他的解决办法。

锻炼框架思考 练习题

假设你所在的企业实行考核方案改革，将正面意见和负面意见都写出来，然后对每个意见按照重要程度从1～5分进行打分。

评估创意

02 支付矩阵

以可行性和效果为轴决定优先顺序

使用方法 将多个创意放在由两个评估指标组成的支付矩阵之中，通过位置关系进行比较和分析，选出实现难度最低、效果最佳的创意。

使用示例

什么框架？

利用两个指标对创意进行筛选

希望对“头脑风暴”提出的诸多创意进行比较和筛选，找出容易实现且效果较好的创意时，就需要用到支付矩阵。

支付矩阵通常以“可行性（低/高）”和“效果（差/好）”两个指标为轴组成矩阵，可以将创意放在相应的位置进行对比。

可行性高且效果好的创意就是最佳方案，而可行性低且效果差的创意一旦执行就会事倍功半。

对于效果好但可行性低的创意，需要思考是否值得投入时间去尝试，或者思考如何解决可行性低的问题。在思考解决方案的时候，必须提出具体的措施。

使用说明

1 **将创意全都写出来**

自由发挥，将想到的创意都写出来。在这个阶段不需要对创意进行评估。

2 **将创意放进支付矩阵之中**

将想到的创意放进以“可行性”和“效果”为评估指标的矩阵之中。为了保证判断准确，可以将评估指标替换为“成本”“创新性”“发展潜力”等分别进行思考。

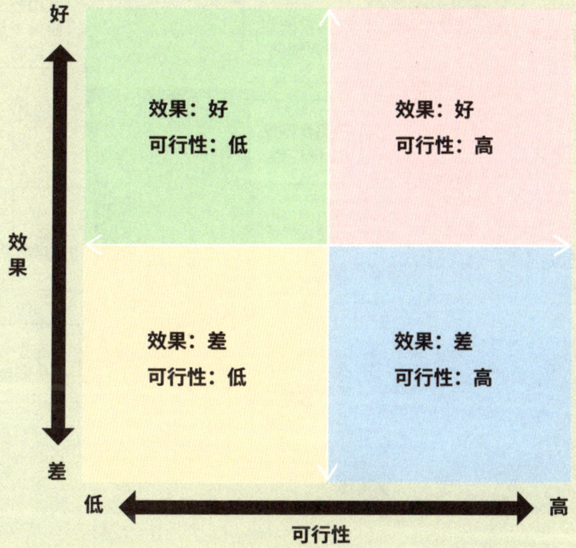

3 **选择创意**

从矩阵中选择最佳创意，一般来说应该选择效果最好、可行性最高的创意。

提高餐馆销售额的创意示例

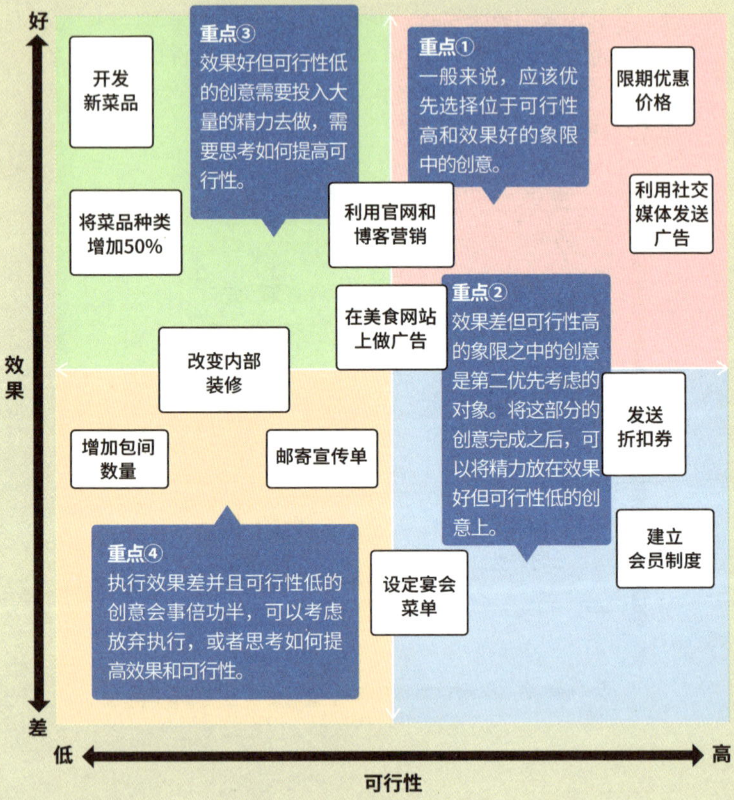

如何使用？

通过改变评估指标使选择更加准确

因为支付矩阵只有两个评估轴，所以很容易使人忽视其他的评估指标。为了避免判断出现错误，可以根据实际情况适当对评估指标进行调整。

比如除了“效果”和“可行性”之外，还可以将“成本”“创新性”“发展潜力”等作为评估指标，选择在每个评估指标之中都排名较高的创意，就能使决策更有说服力。

在需要评估的创意比较少的时候，可以采用利弊均衡表来进行评估；在需要评估的创意比较多的时候，采用支付矩阵进行评估效率更高。

锻炼框架思考

练习题

思考如何提高你所负责的业务的利润，利用支付矩阵给你所想到的创意排列优先顺序。

评估创意

03 决策矩阵

利用多个评估指标对创意进行多元化判断

使用方法 **使用决策矩阵，首先设定多个评估指标，然后根据评估指标给创意评分，这样可以从多个角度对创意进行评估和选择。**

使用示例

什么框架?

设定评估指标，做出合理选择

通过“头脑风暴”想出了许多创意，但不知道应该选择哪一个，这时就可以使用“决策矩阵”来解决这个问题。

决策矩阵是根据多个指标对创意进行评分，然后根据分数高低做出选择的框架。决策矩阵可以帮助我们在面对多个选项的时候做出最合理的选择。

决策矩阵的评估指标包括“市场规模”“差异化”“可行性”“发展潜力”“风险”等。除此之外，还可以根据实际情况，在决策矩阵中加入相应的评估指标。

在第一列写出创意，在第一行写出评估指标，然后根据评估

使用说明

①	②	市场规模	差异化	可行性	发展潜力	收益性	④
权重		2	1	2	3	3	合计
创意 ❶		7 ③	4	5	8	10	82
创意 ❷		5	2	7	4	6	56
创意 ❸		10	8	6	2	7	67
创意 ❹		4	7	10	3	2	50
创意 ❺		2	3	3	2	4	31

① **在第一列写出创意，在第一行写出评估指标**
以“市场规模”“差异化”“可行性”等评估指标对各个创意（或者计划）进行评估。

② **决定权重**
在每个评估项目上写明表示重要度的权重。以上图为例，权重从“1”到“3”。

③ **评分**
给每个创意打分，可以将满分设定为10分。

④ **选择合计分数最高的创意**
一般来说，应该选择右侧合计分数最高的创意。

使用决策矩阵的技巧

灵活设定评估指标

常用的评估指标

创新性	市场规模
成本	差异化
收益性	发展潜力
可行性	风险
人力资源	意外因素
物资储备	可信度
技术储备	实用性

重点①
选择什么评估指标将直接影响最终的结果。因此应该以效果的好坏和可行性的高低作为出发点，选择最合适的评估指标。

不一定只以总分作为判断依据

	创新性	意外因素	可行性	实用性	可信度	
权重	2	1	2	3	1	合计
创意❶	10	4	5	8	2	60
创意❷	3	2	10	4	6	46
创意❸	5	7	6	10	7	66

重点②
决策矩阵是帮助我们做出合理选择的框架。因此不必拘泥于最终的分数，可以选择自己认为最合适的创意。

也可以使用雷达图进行评估

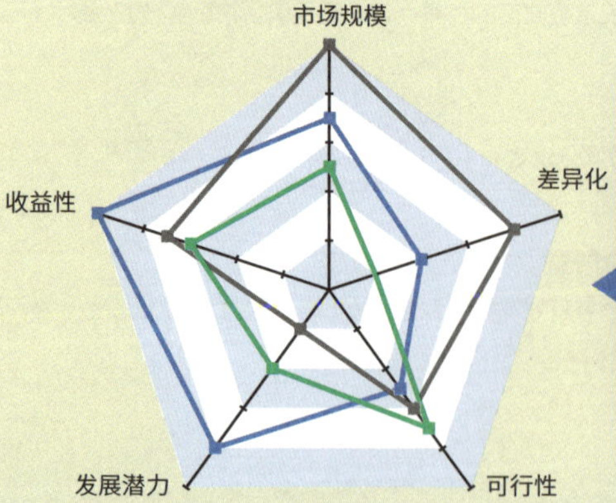

重点③
如果想要把握评估的平衡性和特征，使用雷达图进行评估更加一目了然。但雷达图的缺点是无法给评估指标设定权重。

指标的重要度对创意打分。

不用数字打分的话，也可以用◎○△×等符号打分。

如何使用？

只是用来帮助选择，不必排除主观因素

在使用决策矩阵时，给评估指标设定适当的重要度是非常重要的。这个重要度又被称为“权重”，标示在评估指标的后面，比如“发展潜力（3）”“可行性（2）”。因为权重会极大地影响评分，所以它是非常重要的因素。

需要注意的是，决策矩阵只是用来帮助做出合理选择的框架，并不能保证做出的是最佳的选择。

此外，在选择时不必排除主观因素，如果你感觉决策矩阵做出的选择不合适，就没必要坚持选择的结果。

使用决策矩阵的关键在于综合主观分析与客观分析之后做出评估。

锻炼框架思考

练习题

写出几个自己想要实现的创意，然后用决策矩阵为这些创意评分。

◆ 找出真正的原因

解决问题的"关键"在于以最快的速度发现问题的本质。

只有把握问题的本质，才能对问题的原因进行深入的挖掘和思考，从而找出有待解决的问题以及具体的解决办法。

01 逻辑树　　02 流程图　　03 差距分析

◆ 改变看问题的角度

在迟迟找不到解决问题的方法时，换个角度分析问题是非常重要的。

通过从多个角度对问题重新进行审视，有助于发现问题的本质。

01 议题树　　02 ABC 理论

◆ 选择最优的解决方案

在思考解决问题的方法时，需要准确地认识问题，决定解决问题的优先顺序。利用以"空—雨—伞"为代表的解决问题框架，选择最佳的解决方案。

01 空—雨—伞　　02 重要度 / 紧急度矩阵

03 假设思考

第三章

发现『解决问题』的最短路径的框架

经营活动之中的问题，往往是由许多错综复杂的要素组成的。虽然有很多解决问题的框架，但解决问题的关键在于发现问题的本质，然后根据实际情况选择能够最快解决问题的框架。

找出真正的原因

01 逻辑树

将问题树状分解，找出真正的原因

使用方法 使用逻辑树，可以将需要解决的问题树状分解，找出问题最本质的原因，然后思考应该采取什么解决方法。

使用示例

什么框架?

通过层层分解把握问题的整体情况

“逻辑树”是将问题树状分解，有逻辑地找出原因和解决办法的框架。

逻辑树基本由三个层级组成。

第一层级是需要解决的问题，比如“为什么商品A滞销”。第二层级是为了解决第一层级的问题而列举的原因，比如“销售人员存在问题”“销售渠道存在问题”等。第三层级是将第二层级的原因进一步细分。

通过将问题层层分解，就能够有逻辑且高效地找出解决问题的创意，并且能够从整体的角度进行分析与思考。

使用说明

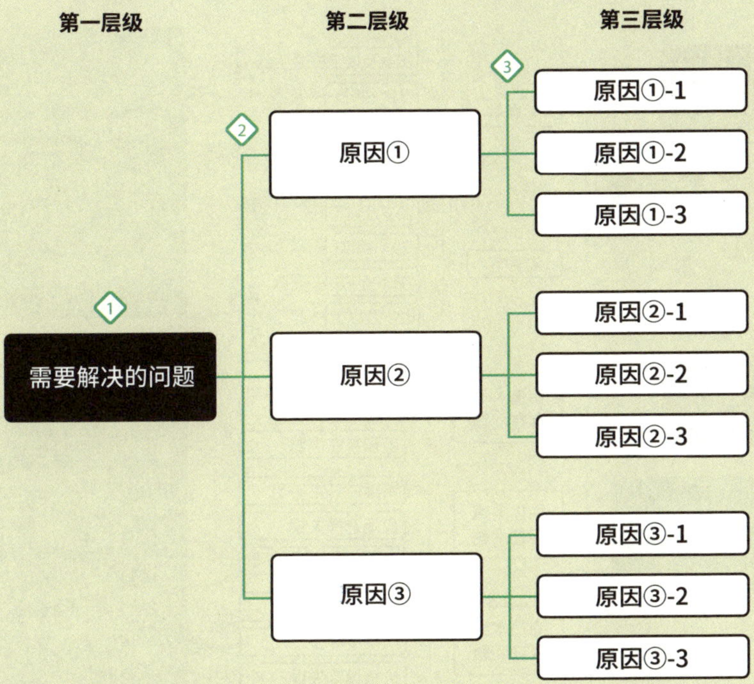

① 在第一层级写出问题

将想要解决的问题放在逻辑树的第一层级。

② 写出主要原因

在第二层级列举出导致问题的原因。值得注意的是，在这个层级上只需要对原因大致分类即可。

③ 将主要原因进一步细分

在第三层级将主要原因进一步细分。在原因全部列举完毕之后，检查上下层级之间是否存在矛盾关系，是否存在重复、遗漏。

解决问题的三种逻辑树

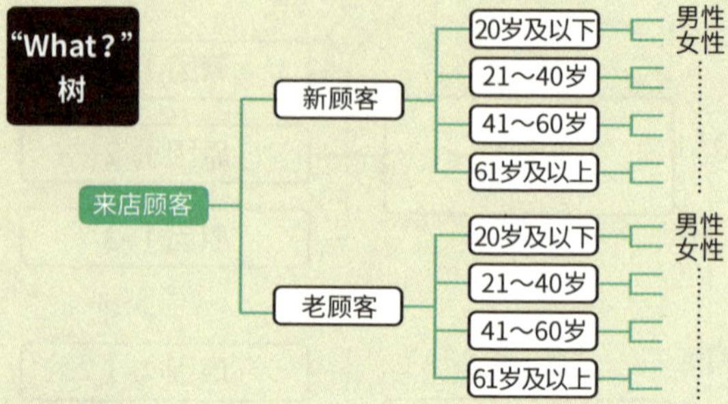

重点①
希望将问题点具体化的时候可以使用"What？"树。使用"What？"树的关键在于找准切入点，并且利用MECE原则找出问题点。

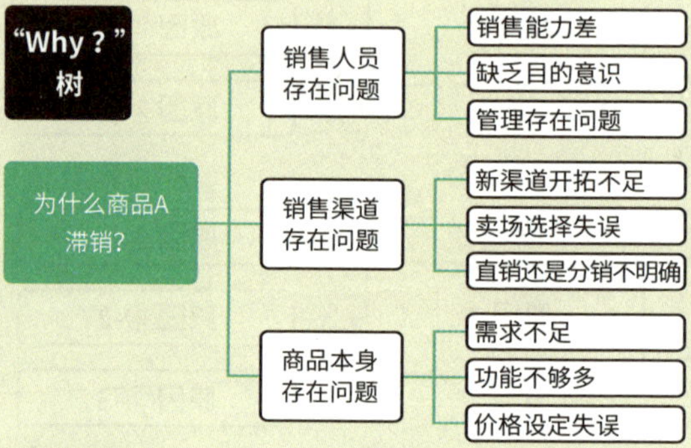

重点②
寻找原因的时候可以使用"Why？"树，尽可能全面地找出原因的细分说明。使用"Why？"树的关键在于注意保证各层级的统一。

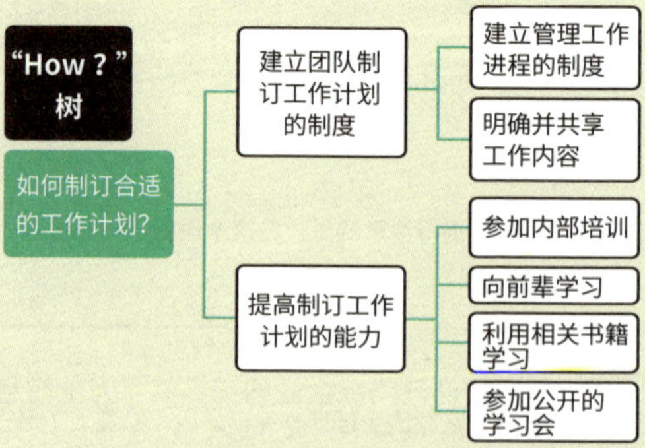

重点③
寻找解决方法时可以使用"How？"树。使用"How？"树的关键在于注意不要出现遗漏。

如何使用？

根据实际情况选用三种不同的逻辑树

逻辑树大致可以分为三种，分别是：对整体的构成要素进行分解和整理的“What？”树，用于找出问题原因的“Why？”树和寻找解决办法的“How？”树。

使用逻辑树时，需要注意以下三点。

①保证不存在重复或遗漏：利用MECE原则，不重复、不遗漏地找出问题的原因。

②保证各层级的内容处于同样的水平：确认位于同一个层级上的内容处于同样的水平。

③保证上下层级之间没有矛盾：逻辑树制作完毕之后，检查解决下层的内容之后是否能够解决上层的问题。

只要做到以上三点，就能极大地提高解决问题的效率。

锻炼框架思考
练习题

试着以“如何提高自己所在企业的销售额”为主题制作一个逻辑树。

找出真正的原因

02 流程图
通过将业务流程“可视化”来突破瓶颈

使用方法 为了找出影响业务效率的瓶颈，需要将全部的业务流程都整理出来，制作流程图，使其“可视化”。通过突破瓶颈，就可以提高生产效率。

使用示例

什么框架？

使整个业务“可视化”

要想对业务进行改善，就必须了解业务流程。但要想在复杂的业务流程之中找出问题所在，并不是一件容易的事情。

在这个时候，你就可以使用“流程图”。这是将业务的整体构成、相关性以及从头到尾的流程都以“可视化”的方式表现出来的框架。通过将业务整体“可视化”，就能准确地找出问题在什么地方。

通过流程图找出业务流程的瓶颈，就能突破瓶颈，从而提高生产效率。

使用说明

示例

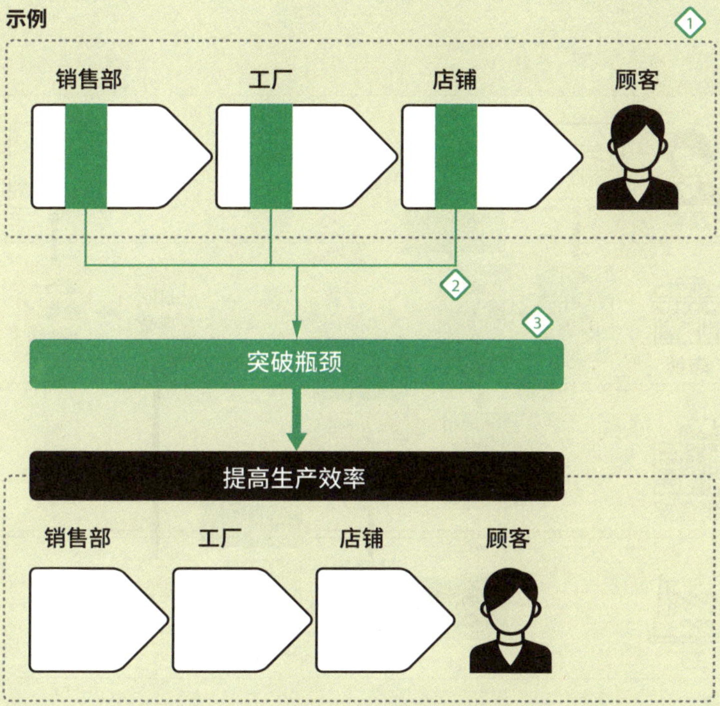

1 将业务流程“可视化”

利用流程图将业务流程画出来。

2 找出瓶颈

在全部流程中，找出无用功和低效率的作业，将这些影响生产效率提高的环节作为要突破的瓶颈。

3 突破瓶颈

思考突破瓶颈的方法并执行。

通过突破瓶颈来提高生产效率

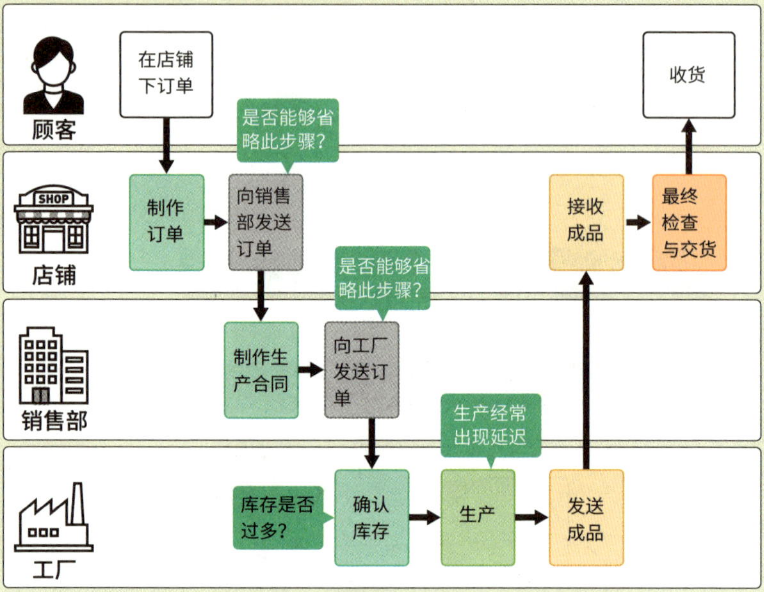

重点①

通过将每个流程都“可视化”，就能发现影响效率提高的瓶颈。只要突破瓶颈，就能提高整体效率。

重点②

管理大师艾利·高德拉特提出的TOC制约法[①]具有以下五大核心步骤，分别是：①找出瓶颈；②最大限度利用瓶颈；③使企业的所有其他活动配合瓶颈；④打破瓶颈；⑤重复上述步骤，实现持续改善。只要坚持采用这个方法就能对整体流程进行改善。

① TOC制约法，即约束理论（Theory of Constraints）。该理论认为，整个系统的效率通常总由少数因素决定，这些因素就是系统的制约因素。

如何使用？

将业务流程分解，找出瓶颈

业务流程图必须简洁易懂，即便是不熟悉业务的人，在看了业务流程图之后也能充分理解业务的整体结构、相关性以及流程。因此，制作出来的业务流程图必须直观、易懂。

左图是以顾客、店铺、销售部、工厂划分的业务流程简图。在实际绘制流程图的时候，最好在每个步骤都标明输入、输出、时间、成本等重要的信息。

此外，与一个人单独制作业务流程图相比，大家一起制作业务流程图效果更佳。让实际参与业务流程的人一起制作业务流程图，能够使业务流程图更加符合实际情况。只有将业务流程尽可能细致地分解，才更容易找出需要改善的部分。

锻炼框架思考 练习题

将自己所在企业的业务流程画成业务流程图并找出瓶颈。

找出真正的原因

03 差距分析

发现存在于理想状态与目前状态之间的问题

使用方法 **差距分析是通过认清目前的现状，对存在的问题进行客观的分析，然后以此为基础，思考解决问题的方法。**

使用示例

什么框架？

在尚未认识到问题的状态下将问题“可视化”

“对于尚未发现的问题，应该如何解决？”“并没有发现目前存在的问题。”在这种情况下，就可以使用“差距分析”（As is-To be）的框架。

差距分析通过将理想状态（To be）与目前状态（As is）进行对比，找出两者之间的差距，从而使问题“可视化”。

比如对“员工经常将工作带回家里去做，节假日也要加班”的状况进行分析。

如果理想状态是“节假日能正常休息”，那么问题就是理想

使用说明

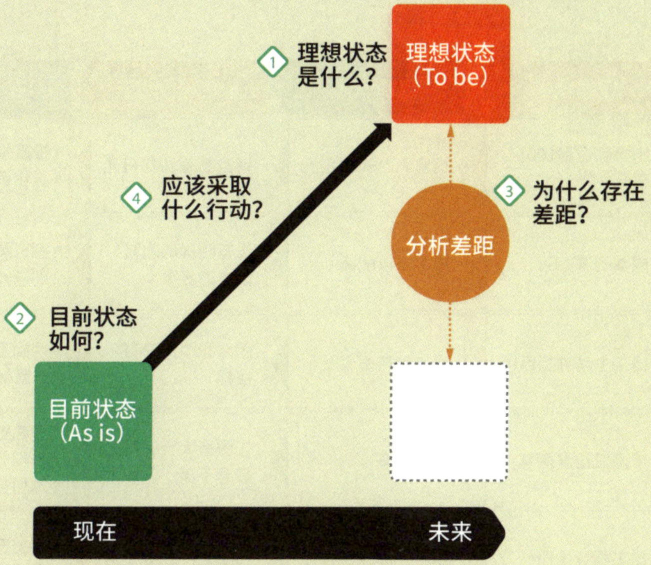

1. **把握理想状态**
   思考未来的发展状况，将理想状态逐条列举出来。

2. **认知目前状态**
   将目前状态客观地列举出来。

3. **分析差距**
   对理想状态和目前状态进行比较，分析两者之间存在的差距，思考存在差距的原因。

4. **思考具体的行动**
   思考为了消除差距应该采取的解决办法和具体行动。

利用差距分析使问题和课题“可视化”

理想状态	目前状态	差距（问题）	具体行动
销售额达到100亿日元	销售额为80亿日元	销售额差20亿日元	• 提高生产能力 • 强化销售体系
成本削减30%	成本难以削减	没有明确的削减成本的方案	• 制订具体的成本削减计划
员工主动挑战目标	员工等待命令	团队和个人没有目标	• 明确团队与个人的目标
节假日正常休息	加班很多	工作量太大，员工疲惫不堪	• 提高工作效率 • 将部分工作外包 • 增加员工数量
员工相互信任	员工之间缺乏合作	员工之间缺乏交流	• 增加员工之间交流沟通的机会
会议在30分钟内结束	会议没完没了	会议参加者缺乏准备导致会议时间延长	• 会前分发会议资料 • 筛选议题和参加者

重点①
通过准确把握目前状态并明确目标，找出两者之间的差距（问题）。

重点②
为了有效地解决问题，可以利用“何时”“何地”“何人”“何事”这四个提问对问题进行分析。

重点③
在思考具体的方法时，可以使用议题树和5W1H等框架来帮助思考。

状态与目前状态之间的“差距”。也就是说，问题并不在于“加班很多”，而是在于“工作量太大”“员工疲惫不堪”等目前状态和理想状态之间的差距。

解决上述问题的方法就是需要考虑的“课题”。在上述事例中，课题就是“提高工作效率”“将部分工作外包”“增加员工数量”。

如何使用？

准确认知理想状态与目前状态

在使用差距分析时，必须明确理想状态是什么样的。

如果没有明确的理想状态，就无法发现问题所在。

同时，正确认识目前状态也很重要。对目前状态过于乐观或者悲观，都会导致错误的认知。因此，在把握目前状态时，必须正视现实。

只有做到上述两点，才能真正地发现存在于理想状态和目前状态之间的差距。

锻炼框架思考
练习题

将自己的理想状态和目前状态都写出来，思考如何消除两者之间的差距。

改变看问题的角度

01 议题树

以假设为根据进行思考，找出快速解决问题的方法

使用方法 议题树将课题（议题）进行树状分解并加以验证，从而找出解决问题的方法。使用议题树的关键在于利用 MECE 原则，不遗漏、不重复地进行分析。

使用示例

什么框架？

以快速解决问题为目标的思考工具

在利用逻辑树找出问题的所在之后，接下来要做的就是决定“什么是最重要的课题”。换句话说，这就是要建立假设。

利用逻辑树对问题进行分解之后，如果对所有的问题都逐一进行分析需要花费大量的时间。因此，需要先建立一个假设，设定最重要的课题（议题），然后验证假设是否正确。在对课题进行验证时所使用的框架就是议题树。

议题树的结构和逻辑树一样，但出发点是需要验证的课题

使用说明

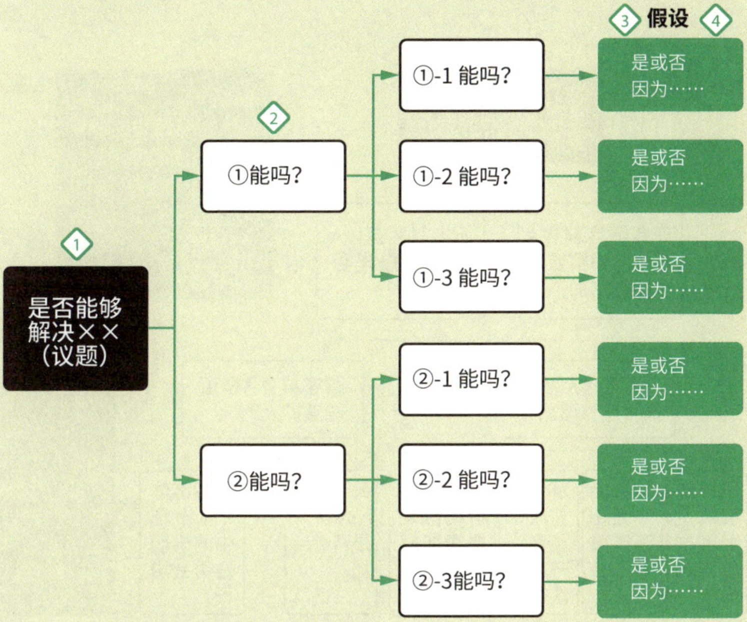

① 确定需要解决的课题（议题）

确定现在最重要的课题（议题），比如“××是否可能成功”“是否应该××”。

② 分解议题

为了对议题进行验证，将要素以提问的形式分解。

③ 对要素正确与否进行分析和验证

分析分解的要素是否正确，用“是”或“否”进行验证。

④ 执行假设

如果全部为“是”则执行这个假设。

议题树的示例

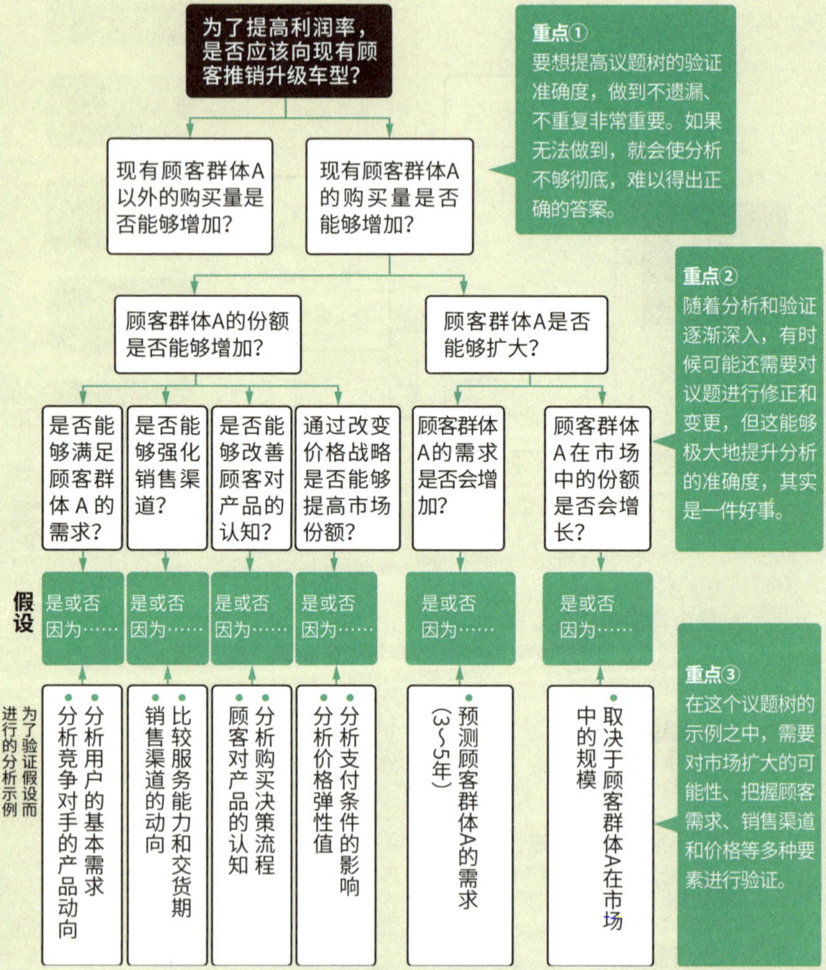
为了提高利润率，是否应该向现有顾客推销升级车型？
现有顾客群体A以外的购买量是否能够增加？
现有顾客群体A的购买量是否能够增加？
顾客群体A的份额是否能够增加？
顾客群体A是否能够扩大？
是否能够满足顾客群体A的需求？
是否能够强化销售渠道？
是否能够改善顾客对产品的认知？
通过改变价格战略是否能够提高市场份额？
顾客群体A的需求是否会增加？
顾客群体A在市场中的份额是否会增长？
假设
是或否 因为……
是或否 因为……
是或否 因为……
是或否 因为……
是或否 因为……
是或否 因为……
为了验证假设而进行的分析示例
分析用户的基本需求
分析竞争对手的产品动向
比较服务能力和交货期
销售渠道的动向
分析购买决策流程
顾客对产品的认知
分析支付条件的影响
分析价格弹性值
预测顾客群体A的需求（3~5年）
取决于顾客群体A在市场中的规模
重点①
要想提高议题树的验证准确度，做到不遗漏、不重复非常重要。如果无法做到，就会使分析不够彻底，难以得出正确的答案。
重点②
随着分析和验证逐渐深入，有时候可能还需要对议题进行修正和变更，但这能够极大地提升分析的准确度，其实是一件好事。
重点③
在这个议题树的示例之中，需要对市场扩大的可能性、把握顾客需求、销售渠道和价格等多种要素进行验证。

（议题），然后对由此导出的验证要素进行“是或否”的验证。如果验证要素的结果全部为“是”，就可以执行这个方法。

如何使用？

利用 MECE 原则来列举议题的验证要素

假设需要验证的议题是“是否应该为升级后的车型举办试驾会”，那么相应的验证要素就有“预算是否充足”“是否能够吸引顾客”“性价比如何”等。这些就相当于议题树的分支部分。

需要注意的是，作为分支部分的验证要素也需要“不重复、不遗漏”。如果无法做到不重复、不遗漏，就会使分析不够彻底，难以得出正确的答案。

随着分析和验证逐渐深入，有时候可能还需要对议题进行修正和变更。但这能够极大地提升分析的准确度，其实是一件好事。

锻炼框架思考 练习题

从自己所在的企业或者部门之中找出一个问题，然后利用议题树对其进行分析和验证。

改变看问题的角度

02 ABC 理论

通过改变“信念”来改变结果

使用方法 合理运用 ABC 理论，审视自己的信念是否正确，通过合理思考来发现解决问题的突破口。

使用示例

什么框架？

心理疗法揭示出事件与结果之间的因果关系

ABC理论是通过改变信念来改变看待事物角度的思考方法。ABC是Activating event（事件）、Belief（信念）、Consequence（结果）的首字母组合。

比如面对自己工作业绩不佳的事实，可能很多人都会情绪低落，产生“为什么我的工作能力这么差”的想法。

一般情况下，人们都会认为业绩不佳是导致自己情绪低落的原因，两者之间存在明确的因果关系。但是从ABC理论来看，业绩不佳这个事件和情绪低落这个结果之间并没有直接的因果关系，而是因为两者之间存在“信念”这种思考方法，导致结果

使用说明

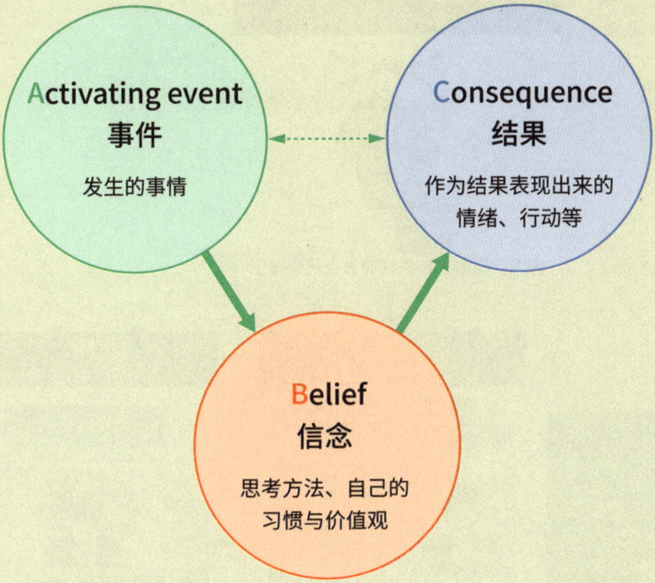

1. **理解问题的结构**
思考自己现在烦恼的事件（Activating event）和结果（Consequence）之间的联系，理解问题的结构。

2. **审视信念是否正确**
问题并非来自事件，而是来自信念（Belief）。检查自己的信念是否正确，是否存在偏执的想法。

3. **通过合理思考解决问题**
通过正确的信念进行合理思考，在减轻烦恼的同时将其变为自己能够解决的问题。

将“不合理的信念”转变为“合理的信念”

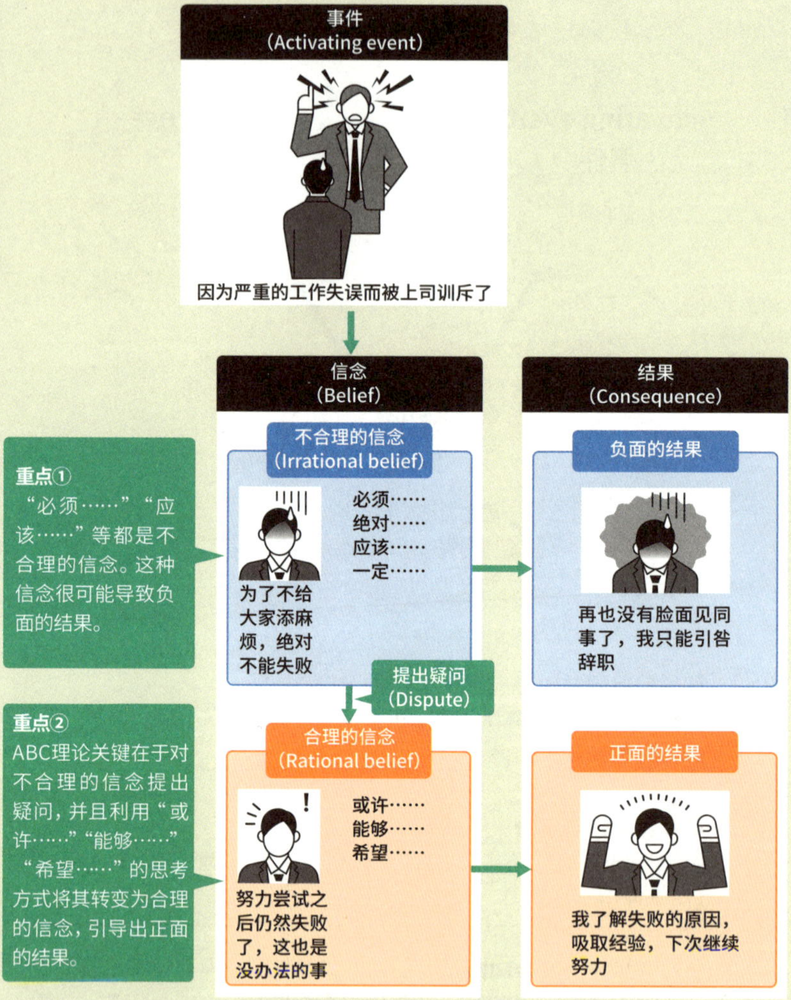

（情绪和行动）发生了变化。

绝大多数人都认为是事件决定了结果，但实际上真正决定结果的并不是事件，而是当事人心中的信念。

如何使用？

被 ABC 理论证明的信念的力量

即便是同一件事，在负面信念的影响下就会产生负面的结果，而在正面信念的影响下则会产生正面的结果。

事实上，绝大多数的负面信念都是“必须……”“绝对……”“应该……”“一定……”等不合理的信念，只需要将其转变为“或许……”“能够……”“希望……”等合理的信念即可。

人们常说，解决问题要从“打破常识”开始。从这个意义上来说，ABC理论也会给我们提供非常宝贵的参考。

锻炼框架思考
练习题

找出自己工作和生活中的烦恼，思考如何将这些负面结果转变为正面结果。

选择最优的解决方案

01 空—雨—伞

利用“事实→解释→行动”三个步骤对问题进行分析

使用方法 贯彻空—雨—伞——空（事实）→雨（解释）→伞（行动）——的思考方法，强化解决问题的能力。

使用示例

什么框架？

从课题分析到得出解决办法

对课题进行分析和验证，并寻找解决办法时，就需要用到“空—雨—伞”的思考方法。在对课题进行验证的过程中会获得大量的信息，为了将这些信息与解决问题结合起来，贯彻“空—雨—伞”的思考方法尤为重要。

“空—雨—伞”指的是三个步骤：看到“空”中乌云密布的事实（现状如何），做出即将下“雨”的解释（这个现状意味着什么），然后做出出门时带“伞”的决定（根据解释采取什么行动）。

使用说明

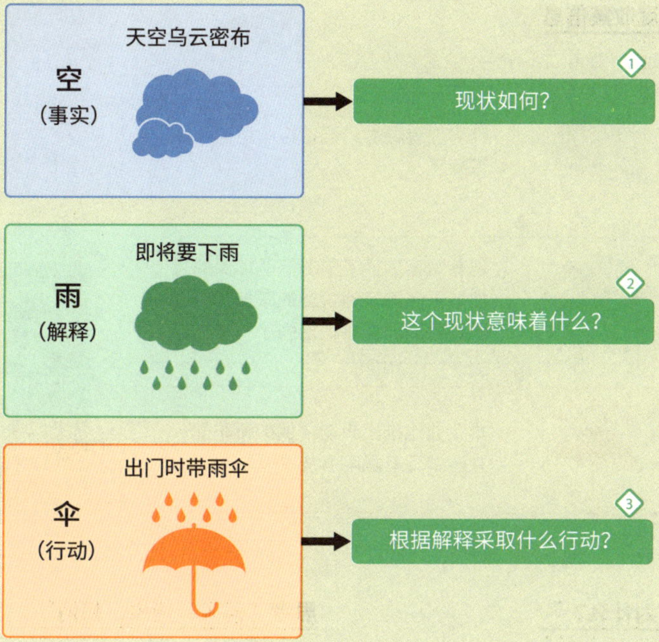

1. **把握问题和课题的现状**
   把握事实，了解现状如何。

2. **对现状进行验证**
   对现状意味着什么进行验证。

3. **决定采取什么行动**
   根据事实和解释，思考应该采取什么行动。

使用“空—雨—伞”时需要注意的关键点

不要过度收集信息

汽车销售过程中使用“空—雨—伞”的示例

空（事实）	针对现有顾客，低价格车型的销量下降了
雨（解释）	现有顾客选择了更加节能环保而且性能更强的其他企业的车型。这说明顾客的环保意识增强了
伞（行动）	本企业也推出节能环保的新车型，并邀请现有顾客参加试驾会

重点①
收集信息要适度，如果将时间都用在收集信息和验证上，就迟迟无法采取行动。

重复“为什么？”

So What？（因此会怎样？）

Why So？（为什么会这样？）

重点②
最终得出的结论和解决方案必须让所有人都心悦诚服。为了使逻辑缜密，需要通过不断重复思考“So What？”和“Why So？”进行检查。

思考“何人、何事、如何”

解决问题

何人 | 何事 | 如何

重点③
要想真正解决问题，必须明确“让谁、用什么方法、做什么”。这也是取得理想结果的唯一方法。

如何使用？

收集信息要适度

让我们以“举行升级版新车型试驾会”的汽车销售战略为例来进行一下思考。

在这个示例中，“空”是针对现有顾客，低价格车型的销量下降了。对这个事实进行验证后发现，现有顾客选择了更加节能环保而且性能更强的其他企业的车型。也就是说，除了对本企业目前低价格汽车的性能不太满意之外，节能环保也是现有顾客非常重视的一点（解释）。

根据上述现状和解释，得出的结论是针对现有顾客开展节能环保的新车型试驾活动。

在对课题进行分析和验证时，需要注意的是不能过度收集信息。信息虽然是判断的重要依据，但如果花太多时间在搜集信息上就会大大延长做出判断的时间，导致无法及时地采取行动。

锻炼框架思考

练习题

利用“空—雨—伞”对自己所在企业的课题和问题进行分析与验证，并思考解决问题的方法。

选择最优的解决方案

02 重要度/紧急度矩阵

将任务分为四种类型决定优先顺序

使用方法 利用以重要度和紧急度为轴的矩阵将任务分为四类，通过区分任务的优先度来有效地对时间进行管理。

使用示例

什么框架？

根据重要度/紧急度对任务进行区分

感觉事情太多做不完，每天都要加班的人，可以使用“重要度/紧急度矩阵”。这是将任务放在以“重要度”和“紧急度”为轴的矩阵之中进行分类，决定优先顺序的框架。

比如，马上到截止时间的项目和会议、应对顾客投诉等都属于紧急度和重要度都很高的任务；搞好人际关系、为将来做准备、学习和自我提升等则属于重要度高而紧急度较低的任务；不重要的电话和会议、突然来访的顾客等属于重要度较低但紧急度较高的任务；漫长且无意义的电话之类的事项则属于重要度和紧急度都很低的任务。

使用说明

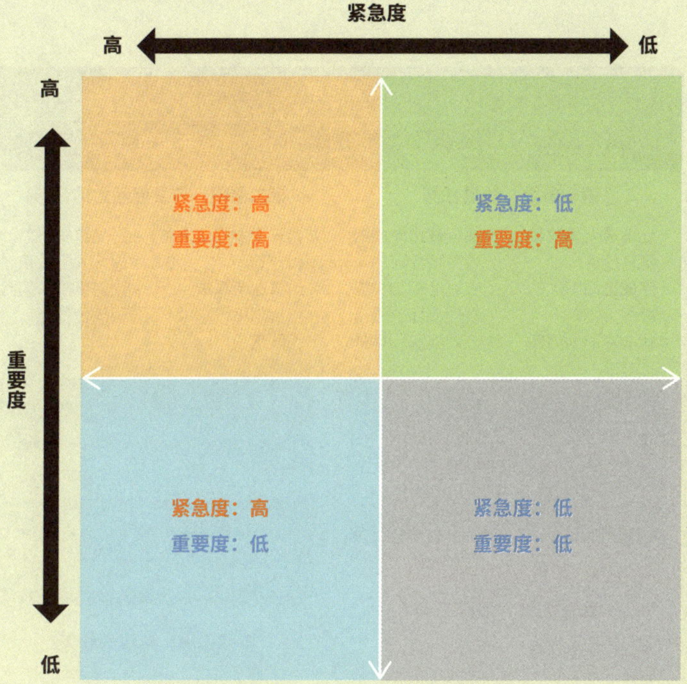

写出任务内容和课题

① 将平时需要完成的任务都写出来。

放入矩阵之中

② 将上述任务都放在以紧急度和重要度为轴的矩阵之中，将课题的优先度“可视化”。

根据四个象限决定优先度

③ 对矩阵进行整理，确认哪些任务优先度高、哪些任务优先度低，根据四个象限对所有任务进行时间管理。

给日常任务决定“优先顺序”的时间管理图

紧急度：紧急 / 不紧急

重要度：重要 / 不重要

第一象限：关键任务（紧急、重要）

- 处理重大事故和顾客投诉
- 完成上司下达的命令
- 解决紧迫的问题
- 临近截止时间的项目和会议
- 应对危机和灾害
- 修理损坏的设备
- 应对疾病和意外

重点①

需要立即应对并且能够取得巨大成果的任务，应该最优先应对这些任务。

第二象限：有发展潜力的任务（不紧急、重要）

- 为未来发展做准备和计划
- 改善业务系统
- 培训部下
- 团队建设
- 提高自身能力
- 搞好人际关系
- 预防事故和风险
- 明确价值观

重点②

重要但并不需要立即完成的任务。虽然并不紧急，但因为这些任务对未来的发展很有帮助，所以应该有意识地多完成这些任务，将其他任务的紧急度降低，优先完成重要度较高的任务。

第三象限：“面子任务”（紧急、不重要）

- 不重要的电话和邮件
- 突然来访的客户
- 各种各样的妨碍和打扰
- 不重要的会议
- 无意义的接待工作
- 不重要的问题

重点③

紧急度高但重要度低的任务。很容易让人误以为是非常重要的任务，但这些业务并不能够带来什么重要的成果。如果不尽量减少这种任务，就会陷入“工作总也做不完”的状态。

第四象限：无用的业务（不紧急、不重要）

- 漫长且无意义的电话
- 无所事事的等待时间
- 漫无目的地浏览网页
- 无意义的闲聊
- 无意义的路途上的时间
- 漫无目的地看电视

重点④

紧急度和重要度都很低的任务，没有任何意义，完全是在浪费时间，根本不必去做，应该立刻将其取消。

如何使用？

最优先的任务是什么？

重要度和紧急度都很低，无法给自己带来积极作用的“无用的任务”，应该立即被取消。

重要度低但紧急度高的任务属于“面子任务”。绝大多数这样的任务都能在短时间内完成，但几乎不会带来什么重要的成果。

重要度和紧急度都很高的任务是能够取得重大成果的“关键任务”。虽然这些任务是应该最优先完成的，但如果一直忙于处理这些任务，会导致工作品质下降，可能会出现返工和调整等浪费时间的情况。因此，最好能够想办法尽量减少这种任务。

重要度高而紧急度低的任务，属于“有发展潜力的任务”。提高自身技能、对工作流程进行改善、提前为未来做好准备等事项都属于这种任务。要有意识地多完成这种任务，降低其他任务的紧急度，优先完成重要度较高的任务。

锻炼框架思考

练习题

将自己的日常任务放在紧急度 / 重要度矩阵之中，思考哪些任务应该取消、哪些任务应该减少。

选择最优的解决方案

03 假设思考

准确度较高的假设能够更快地解决问题

使用方法 **在经营活动之中，与“完美但花费大量时间”相比，“建立假设进行验证并快速循环”更加重要。通过假设思考能够更快地发现问题的本质并把握事物的整体情况。**

使用示例

什么框架?

通过不断重复“假设→验证”尽快解决问题

很多人都认为，在解决问题时，信息越多越容易得出正确的答案。但是，想要在收集大量信息的基础上对其全部加以分析，最终得出结论，在实际的经营活动中是不现实的。

在这个时候，就需要用到“假设思考”。这是依据有限的信息建立最佳结果的假设，然后以这个假设为基础尽快发现问题的本质并把握事物整体情况的思考方法。通过建立假设来筛选需要讨论的问题和需要采取的行动，即便假设存在错误也可以通过验证和适当调整来高效地解决问题。

使用说明

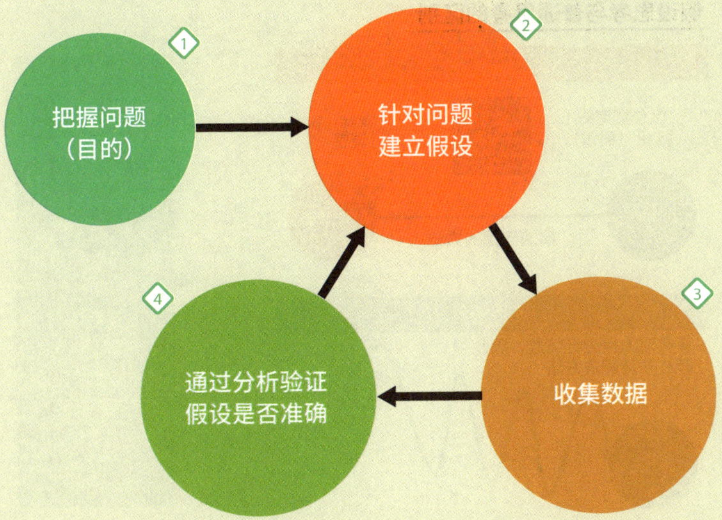

1 **把握问题**
思考当前的工作是为了解决什么课题，时刻保持敏锐的嗅觉来收集信息。

2 **建立假设**
根据收集到的信息，建立能够解决问题的假设，不必保证这个假设完全准确。

3 **收集数据**
以建立的假设为基础，思考“收集什么数据能够对其进行验证”并收集相应的数据。

4 **验证假设**
根据收集到的数据对假设进行验证，如果发现假设错误就对其进行调整并再次进行验证。通过重复此过程来提高假设的准确度并最终得出结论。

用最短的时间得出结论

假设思考与普通思考的区别

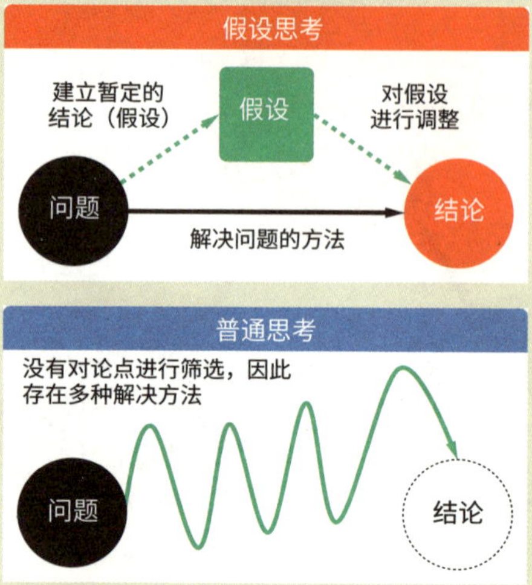

重点①
如果不建立假设，就没有明确的通往结论的途径，只能不断试错。通过假设思考，即便在验证后发现假设出现了错误，也可以通过对假设进行调整来更快地得出结论。

如何提高假设思考能力

养成建立假设的习惯

养成“在行动之前先建立假设”的习惯，不断积累经验，就能提高自己建立假设的准确度。

多收集信息

如果收集的信息太少，进行假设时就很容易遇到瓶颈。平时尽可能多地收集信息，能够提高假设的准确度。

明确理想的状态

建立能够实现理想状态的假设，这样可以极大地提高假设的准确度。

重点②
在经营活动之中，因为机会转瞬即逝，所以必须尽快采取行动，尽早做出判断。为了做到这一点，就需要随着环境的变化而改变目标，灵活地得出最合适的结论。

假设思考的流程为：分析状况→建立假设→执行假设→验证假设→调整假设。

如何使用？

与其寻找最佳的解决方案，不如通过验证使假设更加准确

在建立假设时，“假设的准确度”非常重要。因此在分析情况和验证假设时，应该尽可能使用准确的数据。此外，假设一定要具体。为了做到这一点，在建立假设时应该反复思考“So What？”，使假设能够落实到具体的行动上。

通过不断重复建立假设→执行假设→验证假设的过程，能够提高假设的准确度。在经营活动之中，并没有绝对正确的答案，因此与其追求完美的解决方案，不如通过高效的“假设→验证”循环来提高工作效率。

养成在开始行动之前先建立假设的习惯，能够提高自己建立假设的能力，使自己建立的假设越来越准确。

锻炼框架思考
练习题

怎样才能将平时的通勤时间减少五分钟呢？请你建立假设并进行验证，然后试着执行一下。

◆ 分析市场

为了制订战略，企业必须先了解自身所处的环境。

此处介绍对企业所处的环境进行分析时经常用到的三个框架。

01 PEST 分析 **02 五力分析** **03 3C 分析**

◆ 制订销售战略

在确定产品和服务的内容与价格时，对产品和服务在市场之中的定位以及目标顾客群体的调查与分析尤为重要。

以下四个是市场营销中最为基础的框架 。

01 STP 分析 **02 市场营销组合**

03 用户画像分析 **04 产品生命周期**

◆ 创造新顾客

在制订市场营销战略时，最有效的手段就是将产品和服务的目标顾客群体的购买行为“可视化”。可以利用以下两个最有代表性的框架来创造新的顾客。

01 AIDMA 模型 **02 消费者旅程**

◆ 构筑品牌价值

企业可以通过品牌实现与竞争对手的差异化。

品牌指的是以信赖度和知名度等无形价值为支撑的资产。

可以利用以下两个框架思考提高自身品牌价值的方法。

01 核心竞争力分析 **02 品牌资产**

第四章

制订『市场营销战略』的框架

被称为“现代营销之父”的菲利普·科特勒曾经说过：“不事先做好调查就想进入市场，就像是在眼睛看不见的情况下进入市场。”本章将介绍制订市场营销战略必不可少的调查与分析的相关框架。

分析市场

01 PEST 分析

对宏观环境进行分析，制订中长期战略

使用方法 使用 PEST 分析，可以分析政治、经济、社会、技术四个外部环境因素对企业造成怎样的影响。企业在开发产品和制订战略时需要用到这个框架。

使用示例

什么框架?

从四个角度对企业所处的环境进行分析

PEST分析是分析宏观环境（外部环境）会对企业造成怎样影响的框架。

宏观环境经常会对商业活动造成重大的影响，但企业无法对其进行控制。因此，对宏观环境进行分析就变得尤为重要。对企业和行业所处的宏观环境进行分析和把握，并将其应用到市场营销战略之中，就是PEST分析的目的。

PEST主要由以下四个要素组成。

①政治（Politics）要素，包括法律法规的制定与修改、税制

使用说明

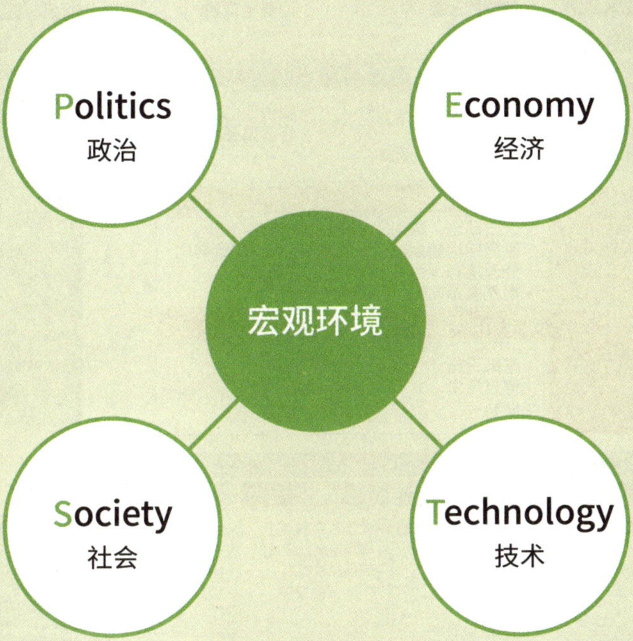

1. **按照 PEST 的顺序写出宏观环境**

   从政治、经济、社会和技术四个角度出发，写出可能对企业和其所处行业造成影响的宏观环境要素。不要过于关注现状，而是应该关注中长期（3 ～ 5 年）的变化。

2. **检查是否有遗漏**

   将要素都写出来之后，检查是否存在遗漏，然后找出对企业有重大影响的内容，并将其应用在研发产品和制订战略上。

PEST 分析的示例

Politics 政治 — 使市场规则发生变化
- 法律法规的制定与修改
- 税制的改革
- 政治局势
- 政策方向
- 消费者保护
- …………

Economy 经济 — 对价值链造成影响
- 经济发展趋势
- 消费意愿
- 汇率、股价、利率
- 物价
- 经济增长率
- …………

Society 社会 — 使供需结构产生变化
- 人口动态、结构
- 家庭结构变化
- 能源消耗
- 自然资源
- 社会老龄化
- 流行趋势、舆论导向
- 生活习惯变化
- …………

Technology 技术 — 对竞争环境造成影响
- 基础设施
- 信息技术
- 专利
- 新产品
- 新技术
- …………

重点①
PEST的各个要素并非各自独立的，而是错综复杂地交织在一起并随时变化的。因此，考虑到各个要素之间的关联性，从多元化的视角进行分析是非常重要的。

汽车行业分析示例

	变化	机会	威胁	课题假设
政治	• 加强对汽车尾气排放量的限制 • 新能源汽车优惠政策	• 小型车销量增加 • 环保车型畅销	• 大型车销量减少 • 城市市场销量减少 • 环保标准提高 • 中美贸易摩擦	• 需求从大型车向小型车转变 • 将资源集中在小型车上
经济	• 全世界经济发展前景不明 • 能源和原材料成本变化 • 汇率波动加大	• 收购竞争对手和供应商 • 投资建设海外工厂	• 生产成本上涨 • 整体需求减少 • 资金筹集困难 • 汇率损失扩大	• 必须大幅降低生产成本 • 建立能够应对减产的生产机制
社会	• 人口红利消失 • 都市交通网齐备 • 从拥有到使用，人们对待汽车的价值观发生转变	• 汽车出口增加 • 共享汽车兴起	• 汇率风险增加 • 年轻人对汽车的需求减少	• 开发汽车之外的交通工具 • 让换乘不同交通工具变得更加便捷
技术	• 自动驾驶系统不断完善 • 绿色能源兴起 • 环保技术进步	• 减少二氧化碳排放量 • 提高电动汽车性能 • 提高环保意识	• 原材料（有色金属等）价格高企 • 技术研发竞争日趋激烈 • IT 行业企业加入竞争	• 必须保证原材料供应稳定 • 知识产权战略 • 加强先进技术的研发

重点②
在进行PEST分析时，可以通过建立假设来思考环境会发生怎样的变化，这种变化会给企业带来怎样的机会和威胁，以及企业应该如何应对。

的改革、政策方向等。

②经济（Economy）要素，包括经济发展趋势、股价、消费意愿、物价、利率等。

③社会（Society）要素，包括人口动态、生活习惯变化趋势、流行趋势等。

④技术（Technology）要素，包括人工智能、物联网和新能源等技术变革。

如何使用？

关注环境变化，思考应对威胁的措施

在进行PEST分析时，需要注意以下事项。

企业要关注“变化”，把握环境的变化和发展趋势，思考其会对企业造成怎样的影响，如果存在威胁就要思考对策。

企业不能过于关注眼前发生的事情，而是要根据现状预测今后可能出现的变化和动向。因此，企业必须搞清楚现在的变化究竟是暂时的，还是将中长期持续的。

为了做到这一点，企业不妨建立一个3～5年的中长期假设，通过对假设进行模拟分析，思考中长期环境的变化情况。

锻炼框架思考

练习题

站在通信服务企业和手机生产企业的角度，利用 PEST 分析法对变化剧烈的移动通信行业进行分析。

分析市场

02 五力分析

将行业的竞争力量与威胁“可视化”

使用方法 **五力分析是针对现有竞争者的竞争能力、供应商的议价能力、购买者的议价能力、潜在竞争者进入市场的能力、替代品的替代能力这五种竞争力量进行分析，制订企业的战略的框架。**

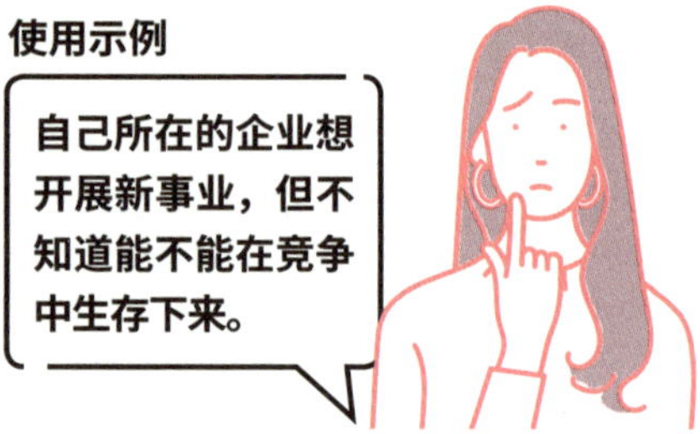

什么框架？

通过五种竞争力量对行业的吸引力进行分析

在消费者需求和生活方式多样化且快速变化的时代，企业想要开展商业活动就必须对行业进行分析。对企业所处的环境进行分析，搞清楚收益结构的框架就是“五力分析”。

这是美国著名管理学家迈克尔·波特提出的方法，通过评估能够对行业造成影响的五种竞争力量，对行业的吸引力进行分析。

使用说明

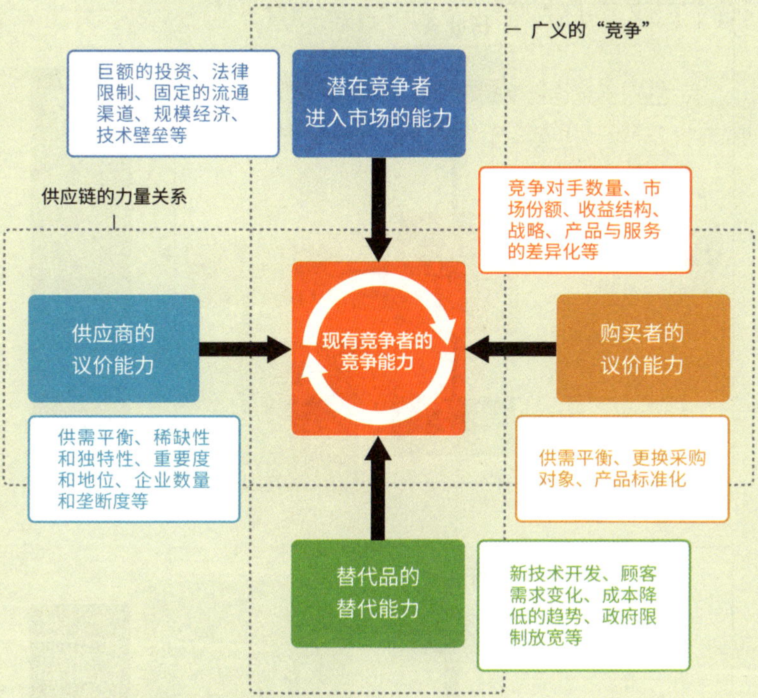

1. **分析五种竞争力量**
   从五种竞争力量的角度对行业的结构和市场的吸引力进行分析。

2. **将分析结果应用在今后的战略之中**
   分析企业是否能够在该行业的竞争之中生存下来，并将分析结果应用在今后的战略之中。

利用五力对企业是否应该进入某行业进行分析的示例

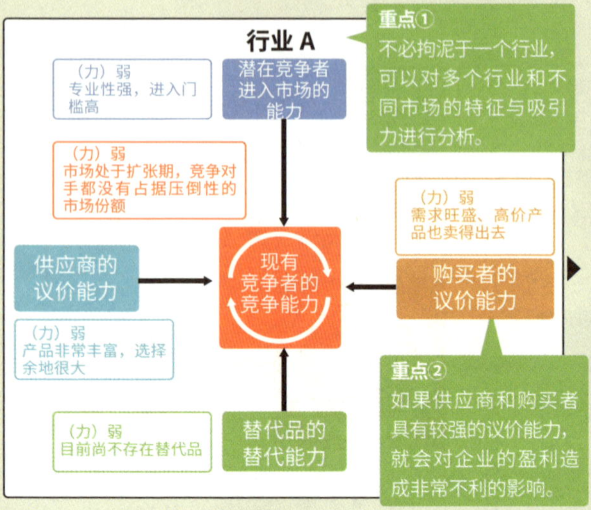

虽然进入困难，但行业内竞争不激烈。如果掌握了相应的技术，就应该积极进入该行业。

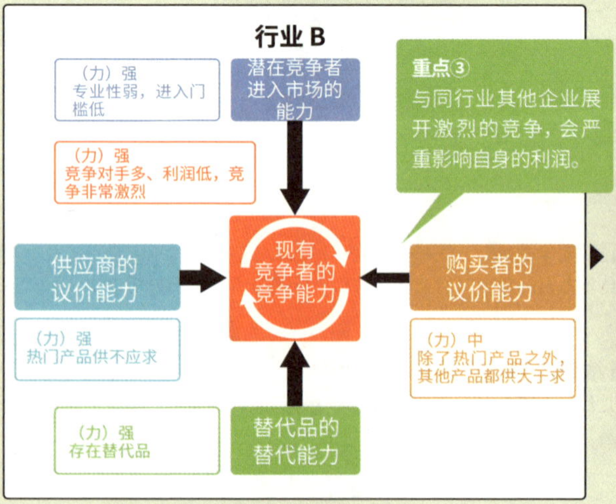

行业内竞争激烈，还有潜在竞争者进入的威胁。其他的竞争力量也很强，该行业的吸引力并不大。

如何使用？

对替代品和潜在竞争者等现有的威胁进行分析

五种竞争力量如下。

①现有竞争者的竞争能力：对行业内存在哪些竞争者、竞争力量是成本竞争还是差异化竞争等竞争环境进行分析。

②供应商的议价能力：如果原材料等物资的供应商处于垄断地位或拥有专利技术，那么采购价格就会比较高，导致企业收益降低。

③购买者的议价能力：消费者和用户的议价能力越强，产品的销售价格就越低，企业的利润就越少。

④潜在竞争者进入市场的能力：如果进入该行业的门槛比较低，潜在竞争者就可能参与竞争，与企业争夺市场份额。

⑤替代品的替代能力：低价格、高品质的替代品会对现有产品和服务产生巨大的威胁。

上述五种力量越强，该行业的竞争越激烈，企业的收益也就越差。

通过五力分析把握行业的竞争力量，就能发现提高企业收益的课题并将其应用在今后的战略之中。

锻炼框架思考 练习题

试着写出自己所在企业所处的行业或者打算进军的市场的五种竞争力量，并进行分析。

分析市场

03 3C 分析

通过分析顾客、竞争对手与企业，找出企业成功的关键因素

使用方法 3C 分析是站在顾客、竞争对手、企业三个角度对经营环境及现状进行分析。这是一个非常简单同时也十分常用的框架。

使用示例

什么框架？

从三个角度对企业所处的经营环境进行分析

3C指的是市场中的三个参与者：顾客（Customer）、竞争对手（Competitor）和企业（Company）。

3C分析是从3C的角度对企业所处的经营环境及现状进行分析，并将分析结果应用于制订战略、发现经营课题、分析产品等方面的工具。

如何使用？

不要在收集数据上花费太多时间

进行3C分析，首先要做的是对顾客进行分析。如果对顾客的

使用说明

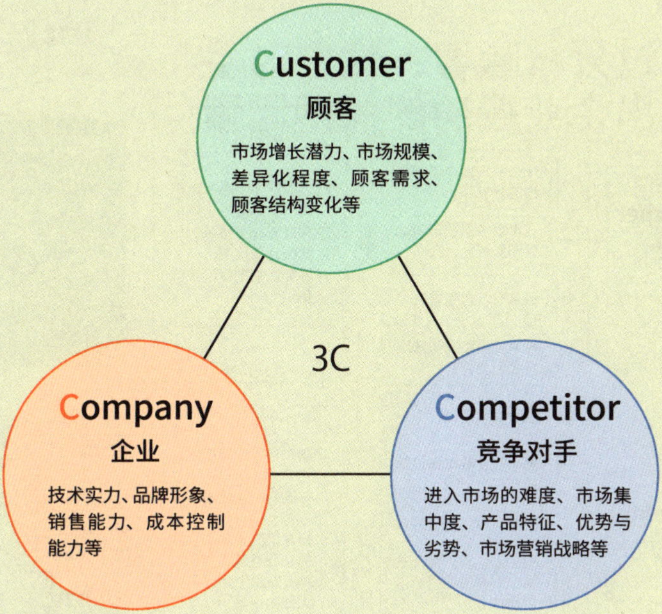

1. **利用 3C 分析对企业所处的经营环境进行分析**
   从顾客、竞争对手、企业三个角度对经营环境进行分析，并且将分析结果逐条列举出来。

2. **根据分析结果思考现状和课题**
   以列出来的结果为基础把握现状与课题，寻找企业经营活动的关键成功因素（Key Successful Factors，KSF）。

3. **根据关键成功因素制订战略**
   只将事实列举出来并加以整理是远远不够的，关键在于以此为基础制订出能够让企业取得成功的战略并采取行动。

利用 3C 分析把握企业的课题

Customer 顾客

问题示例

- 市场规模和增长潜力如何？
- 什么是决定购买的关键因素？
- 在市场中取胜的决定性因素是什么？
- 顾客有什么需求？
- 技术发展路径和法规将如何变化？

分析示例

○以亚洲为中心扩大市场（每年增长 15%）
○采取节能方法
△放缓设备投资
△增加定制项目（多样化）

重点①
从市场的宏观角度和顾客的微观角度进行分析。在思考市场营销战略时，顾客的视角非常重要。

Competitor 竞争对手

问题示例

- 竞争对手是谁？
- 竞争对手的市场份额是多少？
- 竞争对手对行业的看法是什么？
- 竞争对手的优势和劣势是什么？
- 新企业加入竞争的可能性有多大？

分析示例

○国内市场份额第一（占有率为 35%）
○在国内市场处于领先地位
○排在第五位和第六位的企业将退出市场
×两家外国企业计划进入国内市场
×企业之间的价格竞争日趋激烈

重点②
如果无法对全部竞争对手进行分析，也可以筛选一些主要的竞争对手进行分析。但要想把握竞争对手的优势和成本结构并非易事，需要仔细地收集信息。

Company 企业

问题示例

- 企业的目标是什么？
- 企业的财务状况和成本结构如何？
- 企业的总部是否拥有掌控全局的能力？
- 企业的研究开发与生产是否存在问题？
- 企业的销售和营销是否存在问题？
- 企业的优势和劣势是什么？

分析示例

○产品的种类丰富
○国内的销售网络完善
×在新兴国家等海外地区的销售网络有待建设
○技术开发实力国内第一
×在线销售开展缓慢

重点③
定性、定量地对经营资源和活动进行分析。利用价值链分析把握各项活动的特征以及产生的附加值。

定义不够明确，就难以准确地对竞争对手和企业进行分析。在对顾客进行分析时，应该关注“需求的变化”，从宏观的角度对经营环境进行分析，从微观的角度对行业进行分析。

其次是分析竞争对手，关键在于把握竞争对手如何应对顾客需求的变化。比如，对“竞争对手的特点”“竞争对手的产品结构”“竞争对手的战略和资源”等进行分析，并且对竞争对手商业活动的结果和得出该结果的原因进行重点验证。

最后是对企业进行分析，以市场分析和竞争对手分析的结果为基础，思考企业所处的位置以及应该采取什么战略。通过对企业进行分析，能够找出企业经营活动的关键成功因素，比如“学习竞争对手优点”“进入竞争对手不擅长的领域”等。

使用3C分析时容易陷入的一个误区，那就是在收集数据和分析上投入太多的时间与精力。3C分析的目的并不是分析数据，而是找出企业的关键成功因素。

因此，在进行3C分析之前一定要明确目的，这样才能提高分析的效率。

锻炼框架思考

练习题

利用 3C 分析对现状进行分析，思考自己所在的企业处于怎样的经营环境之中、今后应该采取什么战略和改善方案。

01 STP 分析
选定目标，高效地开拓市场

使用方法 STP 分析是对市场细分、目标市场选择、市场定位三个市场要素进行分析，明确企业所处的位置。

使用示例

什么框架?
在市场中确立优势地位的三个阶段

STP分析是以市场细分（Segmentation）、目标市场选择（Targeting）、市场定位（Positioning）为组成要素的分析方法。企业通过细分市场、筛选目标市场、明确市场定位，来发现自身的优势，实现与竞争对手差异化竞争。

如何使用?
站在顾客的角度进行分析

市场细分指的是按照某种分类标准，将总体市场中拥有相似

使用说明

① 市场细分

按照年龄、地区、兴趣爱好等对市场进行细分，利用 MECE 原则保证市场细分不重复、不遗漏。

Segmentation
市场细分

市场细分示例

- 年龄、性别
- 地区、气候
- 兴趣爱好
- 购买频率

② 目标市场选择

根据以下的判断标准示例从细分市场之中筛选出企业有可能在竞争中获胜的细分市场。

Targeting
目标市场选择

判断标准示例

- 市场规模
- 市场增长潜力
- 优先顺序
- 可行性
- 竞争状况
- 可预测性
- 经营资源
- 环境因素

③ 市场定位

为了提供满足目标顾客群体需求的产品和服务，利用定位地图（见第 188 页）思考企业的市场定位。

Positioning
市场定位

怎样定位才能将企业产品和服务的优势传达给顾客，与竞争对手实现差异化竞争呢？

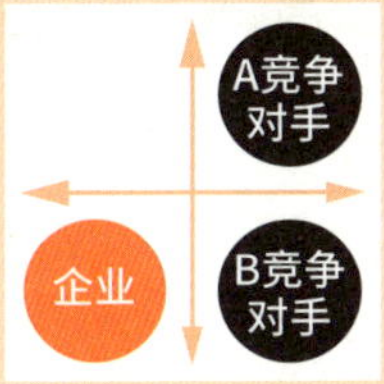

将 STP 分析应用于市场营销之中

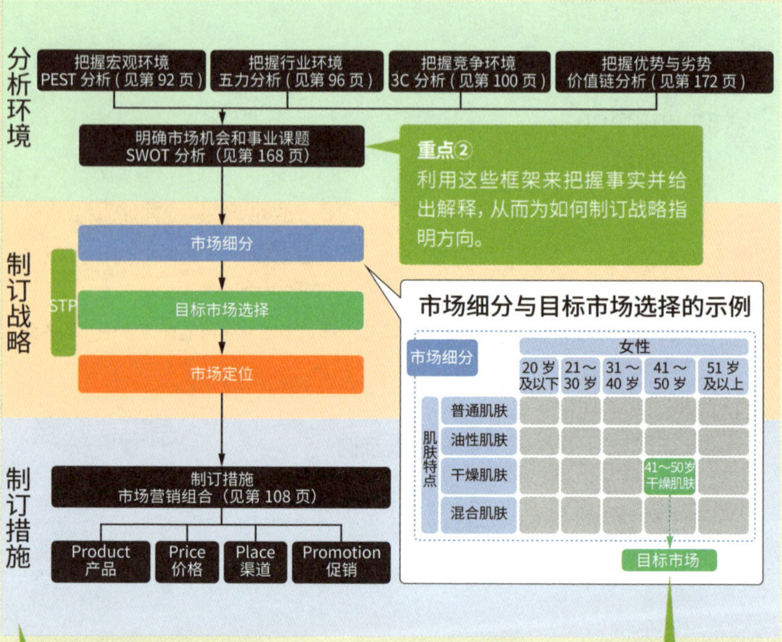

重点②
利用这些框架来把握事实并给出解释，从而为如何制订战略指明方向。

重点①
市场营销包括分析环境、制订战略、制订措施等活动。在各个阶段需要选择相应的框架来完成。

重点③
通过市场细分与目标市场选择，找出能够发挥自身优势的市场，对经营资源进行“集中与选择”。

需求的顾客群体归为一组从而构建细分市场的方法。以下四个指标常被用于对顾客进行分组。

①地理变量：国家、地区、人口密度、气候、城市规模、社会发展程度、文化、生活习惯、宗教信仰等。

②人口变量：年龄、性别、职业、收入、学历、家庭结构等。

③心理变量：价值观、兴趣爱好、生活方式、个性等。

④行为变量：购买频率、购买方式、使用方法、购买时的态度和反应等。

对市场进行细分的关键在于选择最能够准确把握顾客需求的指标。

目标市场选择指的是在细分之后的市场之中，选择自己要面对的市场（顾客群体）。企业在对目标市场进行评估时，需要用到市场规模、市场增长潜力、优先顺序、可行性、竞争状况等指标。

市场定位指的是明确企业在目标市场之中的位置。使用定位地图（见第188页）等框架，通过与竞争对手进行对比，企业可以把握自身的优势，发现实现差异化的主要因素。

企业在进行STP分析时，不要站在行业或企业的视角进行分析，而要站在顾客的视角进行分析。

锻炼框架思考
练习题

站在顾客的角度对自己所在企业的商品和服务进行STP分析，思考如何实现与竞争对手差异化竞争并制订市场营销战略。

制订销售战略

02 市场营销组合

从企业与顾客两方面分析制订战略

使用方法 **使用市场营销组合，可以从“产品”“价格”“渠道”“促销”四个角度分析企业的产品和服务对顾客来说是否具有吸引力并制订相应的战略。**

使用示例

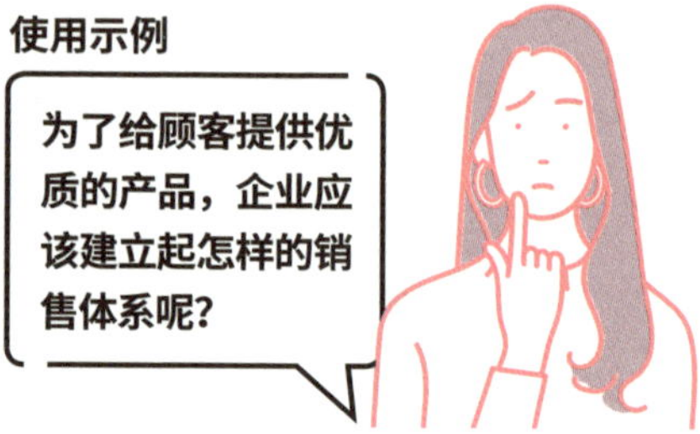

什么框架？

通过综合运用多种框架来制订战略

市场营销组合指的是根据企业提供的产品和服务，综合运用多种框架来制订广告宣传、销售、促销等战略的一系列方法。

其中最具代表性的方法就是以产品（Product）、价格（Price）、渠道（Place）和促销（Promotion）组合而成的“4P”。从上述四个角度分析企业的产品和服务对顾客来说是否具有吸引力，并制订相应的战略。

在利用4P进行分析时，需要注意4P之间的配合度，比如是否存在矛盾、是否能够达到平衡、是否能够产生叠加效应等。

使用说明

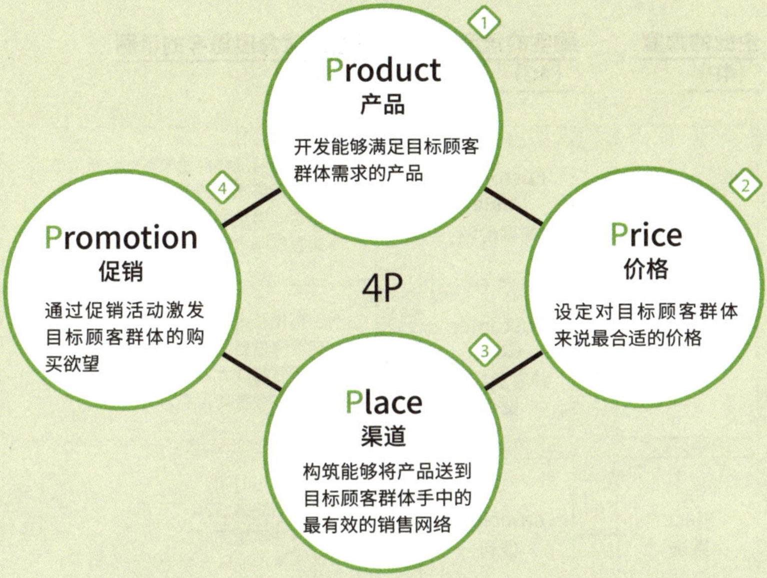

1 **思考产品**
思考品质、功能、设计、名称、质量保证、包装等与产品有关的战略，还要对竞争对手的产品进行分析。

2 **思考价格**
思考零售价格、批发价格、支付条件、折扣率、支付期限、合同期限等，还要对整个行业和其他企业的情况进行分析。

3 **思考渠道**
思考销售渠道、销售区域、商品种类、零售业态、销售网点、库存等。

4 **思考促销**
思考宣传活动、广告、上门推销、免费试用等促销活动。

从企业和顾客两方面展开思考

企业的角度（4P）	顾客的角度（4C）	站在顾客角度思考的示例
Product 产品	Customer Value 顾客价值	•是否能够提供前所未有的全新价值？ •是否能够减少顾客的“无用功”？ •是否能够给顾客带来感动？ •是否能够提供更好的解决方案？
Price 价格	Customer Cost 顾客负担的费用	•价格是否合适？ •能否降低目前必须支付的费用？ •能否压缩成本？ •能否将收费项目变为免费项目？
Place 渠道	Convenience 便利	•能否缩短时间？ •能否消除麻烦？ •能否在家里完成？ •能否不用排队？ •能否24小时服务？
Promotion 促销	Communication 沟通	•是否能够满足顾客需求？ •是否能够通过互联网进行技术指导？ •顾客之间能否交换信息？

重点①
随着信息技术的发展，“促销”方法也发生了巨大的变化，利用大数据分析对目标顾客群体进行精准营销成为最流行的趋势。

重点②
只从企业的角度出发，无法为顾客提供优秀的产品和服务。在从企业的角度思考4P之前，应该先站在顾客的角度思考4C。

如何使用？

关键在于找出目标顾客群体

前面提到的4P全都是站在卖方（企业）的角度进行思考，但随着市场营销理论的发展，买方（顾客）的角度愈发受到重视。因此，以顾客价值（Customer Value）、顾客负担的费用（Customer Cost）、便利（Convenience）、沟通（Communication）组合而成的“4C”应运而生。

顾客价值（Customer Value）：顾客通过购买产品和服务获得的价值与好处。

顾客负担的费用（Customer Cost）：顾客为了购买产品和服务而付出的费用和时间。

便利（Convenience）：顾客购买产品的便利性和享受服务的易得性。

沟通（Communication）：双方沟通是否顺畅。

4P和4C分别对应不同的要素，同时使用能够提高整体效果。因此，市场营销组合的关键在于找出目标顾客群体，思考要向“什么人”“用什么方式”“提供什么价值”。当找准目标顾客群体之后，市场营销才会取得理想的效果。

锻炼框架思考

练习题

试着用 4P 和 4C 分析近期瓶装饮料市场上热门商品热销的理由。

03 用户画像分析
将“虚构的顾客”设定为目标

使用方法 **用户画像分析是指设定一个“虚构的顾客”作为产品和服务的目标顾客，然后开发能够满足该顾客需求的产品并开展相应的促销活动。**

使用示例

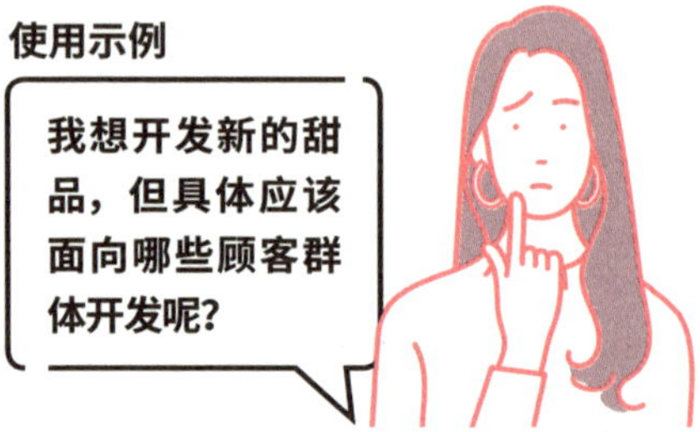

什么框架？

收集需求，设定虚构的顾客

用户画像分析，指的是设定一个产品和服务的目标顾客，然后围绕这个顾客制订产品开发和促销活动计划的市场营销方法。在设定目标顾客时，需要使用年龄、性别、居住地、职业、兴趣、家庭成员、生活习惯等资料，以此尽可能详细地描述目标顾客的信息。

东京汤储（Soup Stock Tokyo）设定的虚构顾客秋野梅雨就是一个非常著名的用户画像分析的成功案例。秋野梅雨居住在东京，是一名经济比较宽裕、精明强干的女白领。她喜欢社交，追求简约、优雅的生活。

使用说明

姓名	山田裕子	
性别	女性	
年龄	××岁	
家庭成员	丈夫、女儿（9岁）、 儿子（7岁）	
居住地	东京××区	
职业	服装销售	
职务	店长	
收入	每年××万日元	
积蓄	××万日元	
毕业院校及专业	××大学××专业	
兴趣	瑜伽、阅读	
最常使用的社交软件	照片墙（Instagram）	
休息日做什么	购物、辅导孩子学习	
常用媒体	××和××	
最常检索的关键词	美容、“快手菜”	
生活时间安排	早上6点起床、坐电车上下班（通勤时间30分钟）、晚上6点半左右到家	
正在进行的挑战	为了应对逐渐增加的外国顾客，正在学习英语	
现在的烦恼	虽然对现在的工作没有不满，但为工作太忙导致几乎没有自由的时间而感到烦恼，希望能有更多的时间陪伴丈夫和孩子	

① 收集目标顾客的信息

收集与目标顾客相关的信息和数据，可以根据需要进行问卷调查或当面采访。

② 将收集到的信息进行分类

根据收集到的信息，写出目标顾客比较有代表性的思维方式、生活习惯等，将具有较强相关性的信息归类到一起。

③ 制作用户画像

根据信息描绘出目标顾客的特征，制作出用户画像。

④ 对用户画像进行验证和调整

检查用户画像是否准确，根据具体情况进行调整。

用户画像的成功案例

东京汤储

用户画像　姓名：秋野梅雨　年龄：37 岁

主要特征

- 在东京工作的女白领
- 经济比较宽裕
- 追求较高的生活品质
- 喜欢社交、重视时间、享受人生
- 与鹅肝相比，更喜欢猪肝
- 爱好游泳

东京汤储选择能够满足秋野梅雨需求的菜品、店铺地理位置和店内布局，菜品价格稍微定高一些，在写字楼和车站附近开设店铺。

创业 10 年后，东京汤储销售额达到 42 亿日元，拥有 52 家店铺

重点①

细致且具体地设定用户画像，就能准确地采取行动。

朝日啤酒“清爽生啤”

用户画像　年龄：44 岁　性别：男性

主要特征

- 个体户
- 年收入 900 万日元
- 家人有妻子、16 岁的儿子、13 岁的女儿
- 住在东京

朝日啤酒总共设定了包括上述虚拟用户在内的三个用户画像。通过对用户画像分析的结果，朝日啤酒决定采用让人能够联想到清凉、爽快感觉的命名和包装设计。

“清爽生啤”上市后 3 个月就售出了大约 300 万箱，成为热门商品

TBC[1]男性美容用品

用户画像　年龄：20 岁　性别：男性

主要特征

- 在东京 A 大学就读
- 住在东京世田谷区一居室的公寓
- 晚上在麻布的酒吧打工
- 对护发和护肤用品的价格、原材料与品质都有要求

TBC 面向男性的美容市场营销，在目标顾客常去的便利店中销售护肤用品，提高品牌认知度。

认知度提高后，前来美容院咨询美容服务的人数增加了 30% ～ 40%

卡乐比薯片

用户画像　年龄：27 岁　性别：女性

主要特征

- 单身
- 居住在东京文京区
- 爱好是瑜伽和游泳
- 几乎不买零食

卡乐比薯片以喜欢化妆且对流行趋势比较敏感，在东京独居的女性白领作为目标客户。卡乐比薯片起用目标顾客经常阅读的时尚杂志上的模特作为广告代言人，选择满足顾客需求的外包装设计。

人们普遍认为 20 ～ 30 岁的女性不喜欢吃零食，但卡乐比薯片打破了这种常规认知成为热门商品

重点②

即便在难以明确目标顾客群体的行业之中，也可以通过用户画像来筛选目标顾客，从而开发出热门商品。

---

① TBC是日本著名的连锁美容院，业务范围包括化妆品、美容院相关产品的研究开发以及销售。

通过围绕秋野梅雨开发产品和开展市场营销战略，东京汤储在短短10年间迅速发展，成为年销售额达到42亿日元的优质企业。

在设定目标顾客时，东京汤储通过问卷调查和当面采访收集用户需求信息，并以这些信息为基础，设定出了虚构顾客的详细特征。

如何使用？

建立能够在企业内部共享的假设

用户画像分析的最大优势在于能够准确地筛选出目标顾客，从而更容易建立假设。与此同时，在团队和企业内部共享目标顾客群体的具体特征，能够使战略的方向更加明确，防止出现偏离目标的情况。

但需要注意的是，在进行用户画像分析时经常会出现设定与实际需求不符的情况。这主要是因为收集的信息不够完整以及建立假设时过于依赖主观判断。为了防止出现这种情况，不能认为做一次顾客画像分析就万事大吉了，而是应该根据消费者和时代的变化不断地对用户画像进行调整。

锻炼框架思考

练习题

以自己所在企业的产品和服务的顾客数据为基础，制作用户画像，设定详细的内容。

04 产品生命周期

根据产品所处的阶段思考市场营销战略

使用方法 依据产品生命周期，可以确认企业的产品和服务处于导入期、成长期、成熟期、衰退期的哪一个阶段，然后思考现在以及将来应该采取什么行动。

使用示例

什么框架?

通过产品生命周期曲线解读产品的寿命

产品生命周期指的是从产品投入市场开始，销售额逐渐增长直到下降的变化过程，一般分为导入期、成长期、成熟期、衰退期四个阶段。产品生命周期曲线通常为“S型曲线”。

在产品生命周期的四个不同阶段，企业需要采取相应的市场营销战略。

使用说明

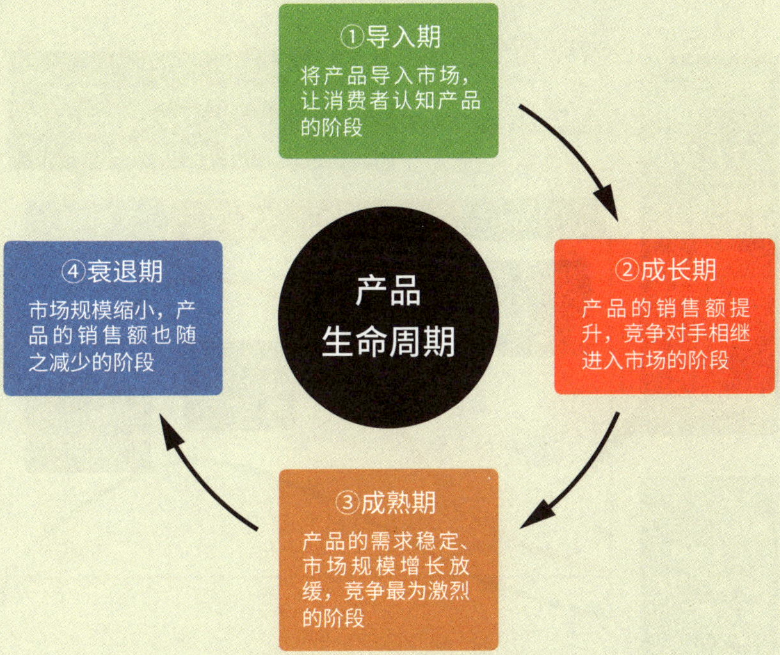

1. **确认企业的产品处于生命周期的哪一个阶段**
   确认企业的产品处于导入期、成长期、成熟期、衰退期之中的哪一个阶段。

2. **确认产品所处的阶段应该采取的对策**
   确认企业采用了最适合产品当前阶段的市场营销战略。

3. **思考将来的行动**
   思考若干年后，企业应该采取什么战略。

产品生命周期与战略的关系

重点①
并非所有的产品的生命周期曲线都是“S型曲线”。有些产品会根据经济周期不断重复畅销和滞销的过程，还有的产品忽然热销，然后很快销声匿迹。

重点②
产品从导入期到衰退期的时间并不固定。高科技行业产品的产品生命周期较短，食品等行业产品的成熟期持续时间较长。

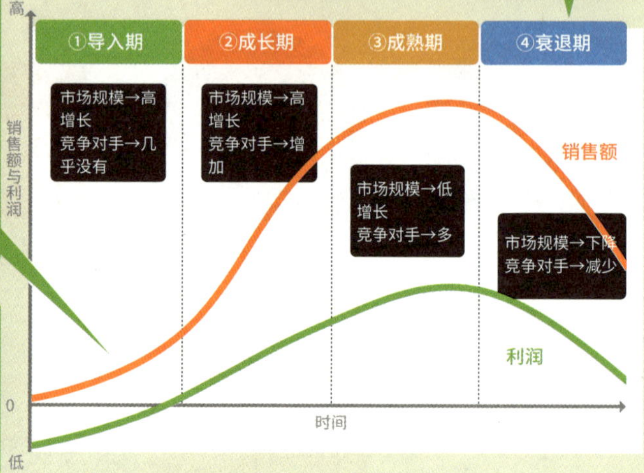

重点③
用市场营销组合的4P对战略进行分析。

		①导入期	②成长期	③成熟期	④衰退期
	市场营销战略	扩大市场	扩大市场	维持市场占有率	保证经营利润
4P	产品战略	开发	差异化	多元化	收缩
4P	价格战略	高	稍低	低	高
4P	渠道战略	限定	扩大	重点化	限定
4P	促销战略	提高消费者认知度	强调特征	多种让利措施	效果衰减

如何使用？

成长期追求差异化、成熟期追求附加价值

导入期是将产品导入市场，让消费者认知产品的阶段。因为消费者对产品的认知度很低，所以产品的销售额并不高，需要通过促销活动等方法提高消费者对产品的认知度。

成长期是产品的优点得到市场认可，产品的销售额开始提升的阶段。在这一时期会出现竞争对手，企业需要采取差异化的策略。

成熟期是产品的销售额最高的阶段。这也是价格竞争最为激烈的时期，因此企业需要通过给产品增加附加价值来维持市场份额。

衰退期是市场规模缩小，产品的销售额也随之降低的时期。竞争对手纷纷遭到淘汰，除了位于行业顶端的企业之外，其他企业都需要选择退出市场或者增加附加价值。

当然，产品生命周期的模型并不适用于所有的产品，比如有一直卖不出去的产品忽然销量大增的“大器晚成型产品”、一直保持销量稳定的“持续销售型产品”、在畅销和滞销间不断重复的“波浪销量型产品”等。在这些情况下，产品的成长曲线就不是“S型曲线”了。

通过产品生命周期把握企业的产品处于哪一个阶段，就可以选择最有效的市场营销战略。

锻炼框架思考 练习题

思考自己平时常用的产品和服务处于产品生命周期的哪个阶段，根据今后的市场变化情况制订相应的市场营销战略。

01 AIDMA 模型

分析消费者的购买心理流程，思考促销方法

使用方法 **根据 AIDMA 模型，可将消费者购买商品的流程划分为以下五个阶段：引起注意、产生兴趣、激发欲望、留下记忆、购买行动，然后在各个阶段采取相应的促销措施。**

使用示例

什么框架？

通过五个阶段解读消费者购买商品的过程

AIDMA模型是将消费者从认知商品到购买的心理过程体系化的购买行为模型。

AIDMA模型将消费者的购买行为分为：消费者认知商品的“认知阶段”，消费者对商品产生兴趣、想要购买的“感情阶段”，消费者做出购买行动的“行动阶段”，其中“感情阶段”又可以分为三个阶段。因此，消费者购买商品的流程由以下五个阶段组成。

①引起注意（Attention）：这是消费者认知商品的阶段。企业可以通过广告等方式使消费者认知商品。

使用说明

① 根据 AIDMA 模型思考战略

企业根据顾客从发现新商品到购买的流程，思考促销的方法。

② 根据不同的阶段采取相应的促销措施

为了将消费者导向 AIDMA 中的下一个阶段，企业需要在每一个阶段采取相应的促销措施。

购买阶段	购买流程	企业相应的促销示例
Attention 引起注意	认知	通过打广告等方式增加曝光度，提高消费者对商品的认知度
Interest 产生兴趣	理解	通过提供资料满足顾客对商品信息的需求
Desire 激发欲望	吸引 / 购买意向	用实物让顾客亲身体验商品
Memory 留下记忆	评价	提供与购买相关的信息，让顾客知道如何购买商品
Action 购买行动	决策	让犹豫是否应该购买的顾客下定决心购买商品

互联网时代的购买模型

AISAS[①]模型

这是网页普及后的消费者购买流程，于1995年由电通数码广告公司提出。

Attention 引起注意	认知商品
Interest 产生兴趣	关注商品
Search 搜索	搜索商品信息
Action 购买行动	购买
Share 分享	分享商品评价

AISCEAS[②]模型

这是受网络评论等因素影响的消费者购买流程，于2005年由安维通信的望野和美提出。

Attention 引起注意	认知商品
Interest 产生兴趣	关注商品
Search 搜索	搜索商品信息
Comparison 比较	对多种商品进行对比
Examination 检查	检查对比结果
Action 购买行动	购买
Share 分享	分享商品评价

重点①

AISAS模型和AISCEAS模型的共同点包括：①消费者在认知商品之后都会通过互联网搜索信息；②消费者购买后都会分享自己对商品的评价。

重点②

在DECAX模型之中，“Attention：引起注意”被“Discovery：发现”所取代。

DECAX[③]模型

这是受内容市场营销影响的消费者购买流程，于2015年由电通数码广告公司的内藤敦之提出。

Discovery 发现	Engage 密切关系	Check 确认	Action 购买行动	Experience 分享体验
发现有用的内容	加深与内容提供者之间的联系	通过搜索了解商品信息	购买	分享商品的使用体验

① AISAS是Attention（注意）、Interset（兴趣）、Search（搜索）、Action（行动）、Share（分享）的首字母组合。

② AISCEAS是Attention（注意）、Interest（兴趣）、Search（搜索）、Comparison（比较）、Examination（检查）、Action（行动）、Share（分享）的首字母组合。

③ DECAX是Discovery（发现）、Engage（密切关系）、Check（确认）、Action（行动）的首字母与experience（体验）中“X”的组合。

②产生兴趣（Interest）：这是消费者对商品产生兴趣的阶段。

③激发欲望（Desire）：这是消费者想要获得商品的阶段。企业应设法激发消费者的购买欲。

④留下记忆（Memory）：这是商品在消费者心中留下记忆的阶段。

⑤购买行动（Action）：这是消费者实际采取购买行动的阶段。

通过AIDMA模型把握消费者的购买流程，就能根据相应的阶段采取有效的市场营销措施。其关键在于如何将消费者导向下一个阶段。

如何使用？

与互联网时代的购买模型并用

AIDMA模型是大约120年前提出的购买模型。在互联网时代，随着消费者的行动变化而出现了新购买模型——AISAS模型。与AIDMA模型相比，AISAS模型加入了利用互联网进行购买行动的两个特点，分别是搜索（Search）和分享（Share）。

互联网时代的消费者购买行动模型还有其他几种，企业可以选择适合本企业产品和服务的模型综合使用。

锻炼框架思考
练习题

思考目标顾客群体的购买流程，以及如何将顾客导向下一个阶段。

创造新顾客

02 消费者旅程
从整体上把握顾客的购买行动

使用方法 **设定用户画像之后，企业运用消费者旅程对顾客的购买行动进行分析，从整体上把握顾客的购买行动，思考在每个阶段应该给顾客提供哪些信息，以及存在什么课题。**

使用示例

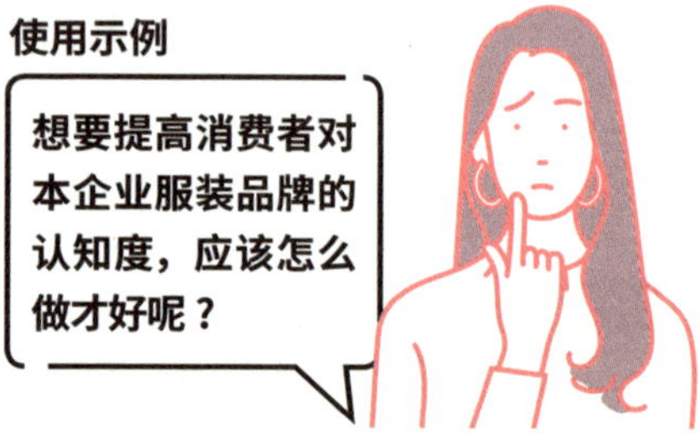

什么框架？

将顾客的购买流程“可视化”

消费者旅程是将顾客从认知企业的产品和服务到最终购买的流程以旅程的形式表现出来的框架。将上述流程“可视化”的图表被称为“消费者旅程图”。

制作消费者旅程图的好处包括：能够加深企业对顾客的了解，使市场营销活动更有针对性；能在团队和企业内部达成共识，使战略的思考与执行更加顺畅。

在制作消费者旅程图之前，企业要先设定用户画像（见第112页）。用户画像是最典型的顾客模型，需要尽可能明确年龄、居

使用说明

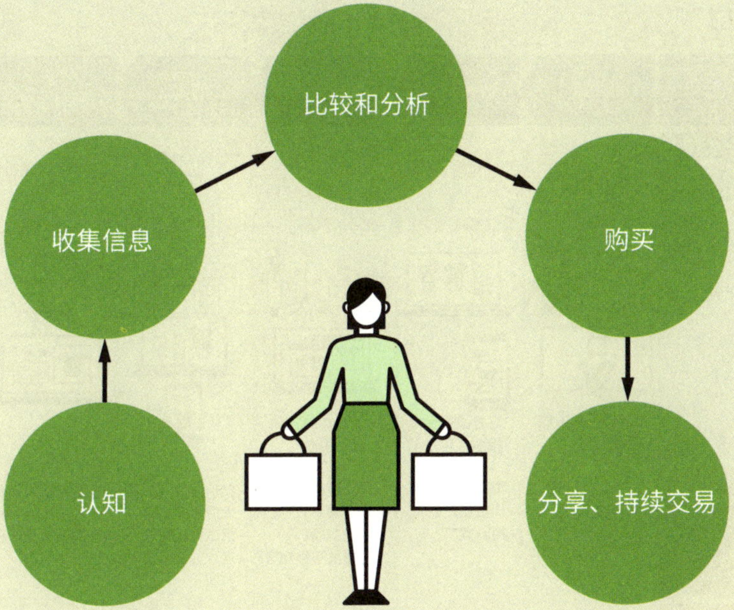

① 设定用户画像

设定企业的产品和服务的用户画像。

② 分析顾客的购买流程

思考顾客如何认知并购买企业的产品和服务，根据消费者购买流程分析应该采取哪些具体的行动。

③ 对需要提供的内容和存在的课题进行整理

在对消费者旅程图有了整体的把握之后，对“在各个阶段应该提供哪些信息”“存在什么课题”等进行整理和分析。

购买服装的消费者旅程图示例

阶段	认知	收集信息	比较和分析	购买	分享、持续交易
渠道	杂志 / 电视	计算机 / 手机	店铺 / 计算机	店铺 / 计算机 / 手机	计算机 / 手机
行动	通过时尚杂志认知 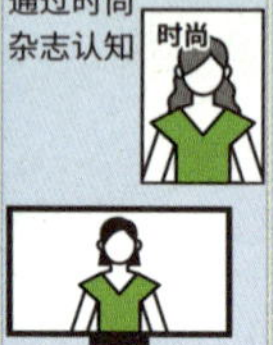 看到自己喜欢的明星的穿着	通过电商网站搜索  在社交平台上搜索评价	在店铺试穿  在多个网站上进行对比	在店铺或网上购买 	通过社交媒体分享  在网站上进行评价
思考	• 喜欢那件衣服 • 是什么品牌呢?	• 在哪能买到呢? • 评价如何? • 适合我吗?	• 什么颜色比较好? • 还有没有其他更好的衣服? • 在哪里买最便宜?	• 低价买到，真是太好了 • 怎么搭配好呢? • 这次想买那件衣服	• 有没有订阅杂志? • 有没有社交平台? • 想知道新品信息
措施	• 杂志专题企划 • 电视剧企划 • 明星代言	• 官方网站商品介绍功能 • 不同价格商品一览	• 网络舆论宣传 • 在线穿搭预览功能	• 显示库存 • 简化购买流程 • 设置“收藏”和“加入购物车”功能	• 活动宣传 • 发送折扣券 • 丰富广告邮件的内容

重点①
明确顾客从认知到购买的行动流程，在把握整体情况的前提下思考应该采取什么措施。

重点②
产品面向终端消费者的企业在设计消费者旅程的时候相对容易，但对于购买流程中需要涉及许多参与者的产品面向组织的企业来说就有些困难。对于产品面向组织的企业来说，可以选择比较有代表性的客户或者销售额靠前的客户为对象设计消费者旅程。

住地、职业、收入、兴趣等内容。

如何使用？

通过用户画像建立假设，找到企业与顾客之间的接触点

首先将顾客的行动分为多个阶段，以认知、收集信息、比较和分析、购买等阶段作为横轴，以渠道、行动、思考、措施等作为纵轴。

然后通过问卷调查、当面采访、内部数据分析等方法收集顾客信息，将企业与顾客的接触点、顾客的行动与思考、课题、措施等落实到消费者旅程图上。

最后将全部信息整理并分组。

需要注意的是，在绘制消费者旅程图时不能过于主观，否则可能导致最终的结果与实际的顾客形象出现偏差。绘制消费者旅程图时，不必一开始就追求完美，可以根据实际情况定期更新和调整。

锻炼框架思考

练习题

根据本企业的产品和服务设定用户画像，并试着制作消费者旅程图。

01 核心竞争力分析

发现竞争对手无法模仿的核心优势

使用方法 **使用核心竞争力分析，可以将自身相对于竞争对手的优势列举出来，然后将这些优势量化，加以验证，明确自身的品牌优势。**

使用示例

什么框架?

对自身优势进行客观的分析

要想构筑起品牌壁垒，企业就必须拥有竞争对手无法模仿的独特优势。对自身的优势进行客观分析的框架就是“核心竞争力分析”。

核心竞争力指的是企业凭借技术和经验构筑起来的竞争能力。比如本田的发动机技术和夏普的液晶显示技术就是它们各自的核心竞争力。除了技术实力之外，组织和人才等优势也可以成为企业的核心竞争力。

提出这一概念的普拉哈拉德和哈默认为，核心竞争力必须满足“能够为顾客提供价值”“竞争对手难以模仿”“能够适用于

使用说明

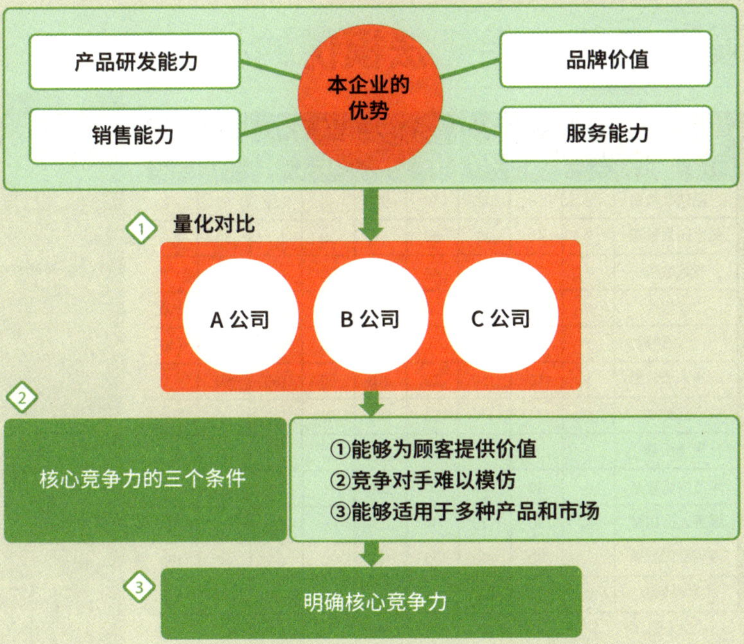

1 **找出自身的优势**

将自身的优势列举出来并从多个角度进行验证，然后将这些优点量化，进行对比。

2 **分析是否满足核心竞争力的三个条件**

确认列举出来的优势是否满足前述三个条件。

3 **明确核心竞争力**

选出核心竞争力之后，思考相应的目标顾客群体、市场以及顾客价值。

与竞争对手进行对比的核心竞争力分析示例

优势	核心竞争力	权重	本企业		A 公司		B 公司		C 公司	
			评价	得分	评价	得分	评价	得分	评价	得分
产品研发能力	产品研发数量	3	50	150	30	90	40	120	60	180
	技术研发数量	2	40	80	80	160	30	60	50	100
	专利数量	7	30	210	40	280	60	420	70	490
销售能力	广告宣传	6	40	240	70	420	60	360	50	300
	专卖店数量	4	30	120	50	200	70	280	60	240
	销售人员数量	3	50	150	70	210	60	180	80	240
品牌价值	产品种类	6	70	420	60	360	40	240	50	300
	市场份额	7	90	630	50	350	30	210	60	420
	网页浏览数量	4	40	160	50	200	70	280	60	240
服务能力	服务人员数量	3	40	120	60	180	40	120	30	90
	咨询窗口数量	2	50	100	70	140	30	60	60	120
	顾客满意度	6	70	420	50	300	60	360	40	240
综合得分			600	2800	680	2890	590	2690	670	2960

重点③
像“福利丰厚”之类的内部优势不能成为核心竞争力。核心竞争力必须“能够为顾客提供价值”。

重点④
在这个分析示例中，“产品种类”“市场份额”“顾客满意度”就是本企业的优势。

重点①
为了准确且客观地把握自身的优势，企业需要将评估的项目落实到具体的技术和经验上，并选取容易量化的指标。

重点②
可以像这样给每个指标设定权重，将评估分数乘以权重就是最终的得分。

多种产品和市场”三个条件。

如何使用？

三个步骤判断自身的优势

为了准确把握自身的核心竞争力，企业可以按照以下三个步骤来判断自身的优势。

①找出“优势”：将自身的优势写出来，逐一与竞争对手进行对比。

②判断“优势”是否能够成为核心竞争力：验证上述优势是否满足前面提到的三个条件。

③明确核心竞争力：筛选出核心竞争力之后，思考相应的目标顾客群体、市场以及顾客价值。

利用客观的数据对核心竞争力进行分析和验证还有一个好处，那就是或许能够发现其他意想不到的优势。

锻炼框架思考

练习题

试着对星巴克、咖世家（COSTA）等咖啡连锁企业的核心竞争力进行分析和对比。

构筑品牌价值

02 品牌资产

评估并培养无形的品牌资产

使用方法 通过品牌认知度、品牌品质、品牌联想、品牌忠诚度四个要素对无形的品牌资产进行评估。

使用示例

什么框架？

通过四个要素评估品牌资产

“品牌资产”是对品牌价值这个无形资产进行评估的指标。

品牌资产是“以品牌名称为核心的联想网络，能够提高产品和服务的价值”。品牌资产主要由以下四个要素组成。

①品牌认知度：顾客对品牌的认知度。

②品牌品质：顾客对产品品质的认可程度。

③品牌联想：设计和标志（LOGO）等能够让人联想到品牌的内容。

④品牌忠诚度：品牌拥有的影响力，顾客对品牌的喜爱程度。

综合提高上述要素，就能够提高品牌资产。

使用说明

品牌资产

①品牌认知度

顾客对品牌的认知度，指的是顾客是否对品牌的事业（产品、服务）分类有正确的认知，并不是“听说过名字”这种程度的认知。

②品牌品质

顾客对产品品质的认可度。与竞争对手的产品相比，品牌产品更吸引顾客。

③品牌联想

顾客对品牌所涵盖事业范围的联想度，有助于增加品牌的事业机会。

④品牌忠诚度

顾客购买并使用品牌产品的持久度。这是顾客基于购买和使用的经验，决定持续购买品牌产品的意愿。

1 评估企业产品和服务的品牌资产

企业可以从品牌认知度、品牌品质、品牌联想、品牌忠诚度四个方面对自身的品牌资产进行评估。

2 构筑强大的品牌

企业可以利用品牌资产金字塔，通过市场营销积累品牌资产。

品牌资产金字塔

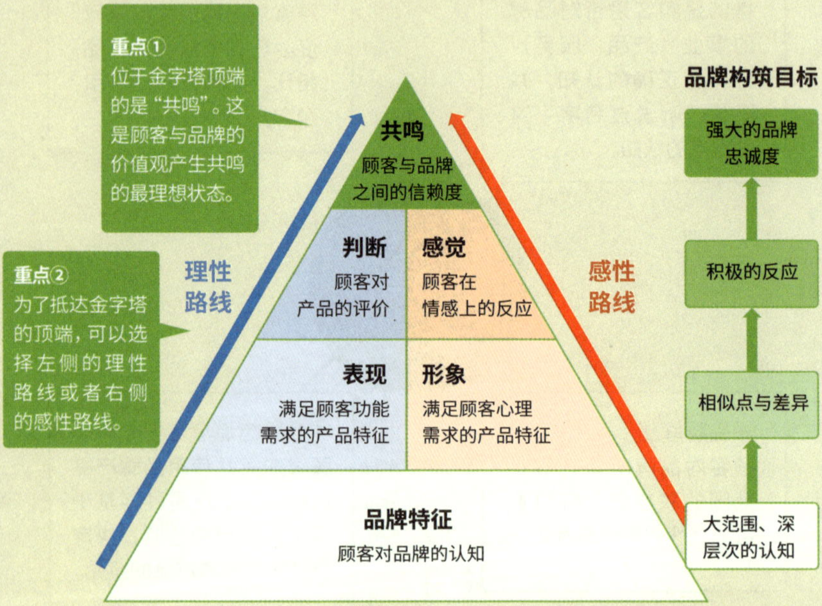

根据凯文·莱恩·凯勒《战略品牌管理》制作

如何使用？

提高品牌资产的市场营销方法

对利用市场营销活动提高品牌资产的流程进行系统化阐述的框架被称为“品牌资产金字塔”。这个金字塔由四个层级和六个模块组成。

位于最底层的品牌特征，是将品牌认知在顾客群体中扩散的阶段。位于第二层级的表现和形象是在顾客群体中确立品牌使用价值与印象的阶段。位于第三层级的判断和感觉是顾客对品牌产生好感并逐渐接受的阶段。位于顶端的共鸣则是顾客与品牌之间建立信任的阶段。

像这样循序渐进地构筑品牌，就能够提升品牌资产。

品牌并不是自然形成的，而是需要站在战略高度进行管理的资产，只有这样才能培养出具有竞争力的品牌。

锻炼框架思考

练习题

利用品牌资产的四个要素对你喜欢的品牌进行分析，思考这个品牌处于品牌资产金字塔的哪个阶段。

◆ 组织管理

要想让组织顺利运转，就必须从硬件和软件两方面找出存在的课题并着手解决。

使用以下的框架对组织要素进行分析和管理，提高自己的管理能力。

01 7S 分析　　**02 马斯洛需求理论**

◆ 人才评估

为了实现企业的战略，培养优秀的人才是不可或缺的环节。

怎样培养人才？怎样让人才充分地发挥作用？

请看以下两个与人才培养相关的框架。

01 卡茨管理技能模型　　**02 PM 理论**

◆ 设定并达成目标

制订了事业的目标和计划之后，就需要采取实际行动了。

但不管是目标还是行动，都需要根据实际情况灵活地调整。

为了提高业务效率，评估和改善是必不可少的环节。

01 5W1H（6W2H）　　**02 KPI 树**　　**03 PDCA**

第五章

让『组织与团队』的成果最大化的框架

企业的竞争力来自人力、物力、财力、信息等经营资源。本章将介绍组织管理、人才培养、目标设定等使组织和团队的成果最大化的框架。

组织管理

01 7S 分析
通过七个经营要素对存在的问题进行分析

使用方法 企业的经营资源由“硬件 3S”（战略、组织结构和内部系统）和“软件 4S”（组织文化、组织技能、人才和共享价值观）七个要素组成。通过对这七个要素进行分析，可以缩小企业的现状与战略目标之间存在的差距。

使用示例

什么框架?

对企业现状与战略目标之间的差距进行分析和诊断

明明一直在进行组织改革，但有些企业的业绩总也上不去；有些企业的战略明明没错，却总是难以取得成果……

之所以会出现这些情况，是因为企业处于“只见树木不见森林”的状态，没有从整体的角度将经营资源充分地利用起来。在这个时候，企业就需要使用7S分析，对企业的现状和战略目标之间的差距进行分析与诊断。7S分析是对构成组织的七个要素之间

使用说明

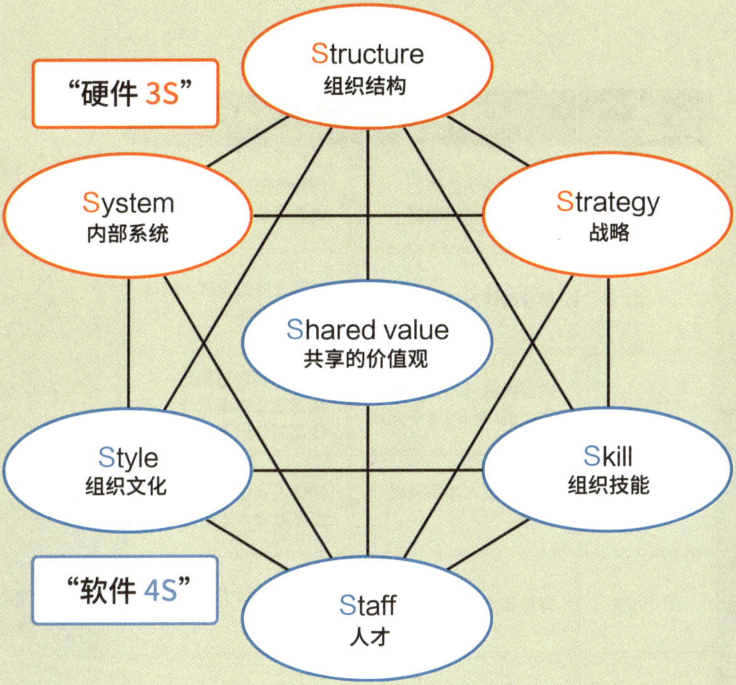

1. **从 7S 的角度对现状进行分析**
   通过 7S 的组成要素对组织结构和战略进行分析。

2. **明确问题**
   根据 7S 对企业的现状进行分析，找出问题，列举其中必须改善的问题。

3. **制订改善方案**
   明确问题之后，制订改善问题的方案。

利用 7S 对企业的现状进行分析并制订改善方案

	7S	现状	改善方案
硬件	组织结构	部门间缺乏合作，“领地”意识很强	加强各部门之间的交流，促进组织内部合作
硬件	战略	事业战略方向不明确	贯彻上层的决策，制订明确的战略
硬件	内部系统	内部网络未完全发挥作用，部门间沟通不充分	重新构建内部网络，加强企业内部合作，提高工作效率
软件	人才	缺乏年轻人才和高级人才	强化人才培训制度，提高高级人才待遇
软件	组织技能	专业技术不足	开展专业技术的内部培训
软件	组织文化	保守、追求稳定	构建敢于挑战和创新的企业文化
软件	共享价值观	没有彻底共享企业的经营理念和目标	通过对话和研修的方式共享企业的经营理念和目标

重点①
进行改善时要注意硬件要素和软件要素的平衡，只对硬件要素进行改善并不能使企业整体得到改善。

重点②
如果不对构成企业基础的软件要素进行彻底改革就无法实现企业变革。

的相互关系进行分析，使组织顺利运转起来的管理工具。

这七个要素分为硬件和软件两个方面。硬件方面的“3S”分别是“Strategy”（战略）、“Structure”（组织结构）和“System”（内部系统），软件方面的“4S”分别是“Style”（组织文化）、“Skill”（组织技能）、“Staff”（人才） 和“Shared value”（共享价值观）。

如何使用？

关键在于“硬件 3S”与“软件 4S”之间的平衡

因为对人才和组织文化等软件要素进行改善需要花费很多时间和精力，所以企业往往会将改善重点放在容易取得成果的硬件要素上。但7S的各个要素并不是各自独立的，企业整体的各个要素是在相互关联的情况下才成立的。硬件要素的改善，也需要在共享价值观、组织技能、组织文化和人才培养的基础上进行，因此保持软件要素和硬件要素两方面的平衡尤为重要。

一个运营顺畅的企业，七个要素一定是平衡且互补的。通过使用7S分析的框架，就能从整体上把握问题，对企业进行有效的管理。

锻炼框架思考

练习题

试着写出自己所在企业的 7S 的现状和特征，如果发现问题的话就思考一下改善方案。

组织管理

02 马斯洛需求理论

通过五个阶段需求激发员工的工作热情

使用方法 **马斯洛需求理论将人类的需求分为五个阶段。企业可以根据员工所在的需求阶段采取相应的激励方法，有效地激发员工的工作热情。**

使用示例

什么框架?

由五个阶段组成的需求理论

马斯洛需求理论是由美国心理学家亚伯拉罕·马斯洛提出的，将人的需求分为五个阶段。

马斯洛认为“人类会为了实现自我而不断成长”，因此在实现了位于下层的需求之后，就会开始追求更高层次的需求。马斯洛需求理论已经被广泛应用于管理学和市场营销学等领域的多种理论之中，对工作积极性理论产生了深远的影响。

马斯洛需求理论的五个阶段如下。

第一阶段为生理需求：食欲、性欲、睡眠欲等与生命相关的

使用说明

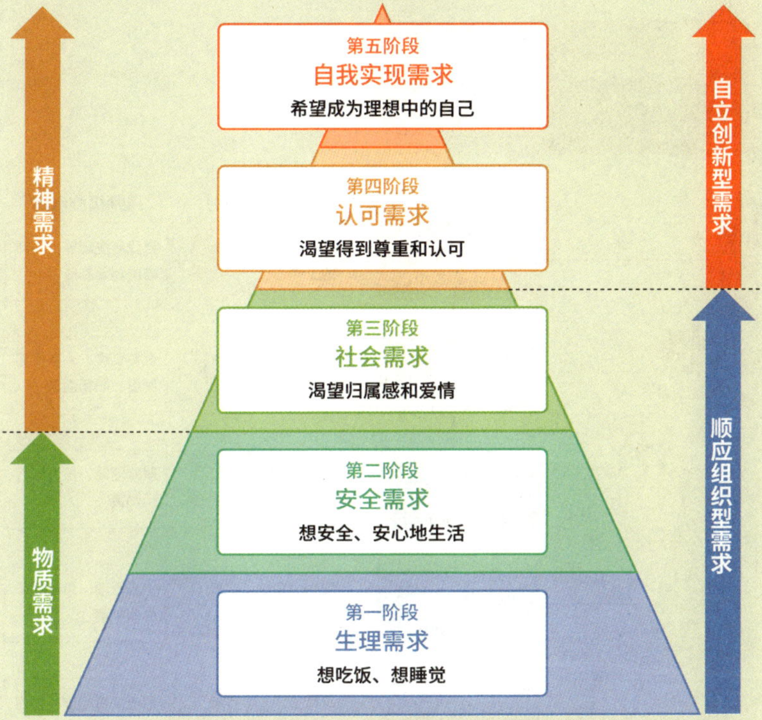

① **把握员工处于哪个需求阶段**

通过对员工进行观察，把握员工处于马斯洛需求理论的哪一个需求阶段。

② **根据需求阶段采取相应的对策**

根据员工所处的需求阶段采取相应的激励措施，提高员工的工作积极性。

根据需求采取相应的激励措施

重点③
一般来说，要想提高员工的工作积极性，关键在于满足第三到第五阶段的精神需求。

需求阶段	满足需求的示例	激励措施示例
第五阶段 自我实现需求	有挑战的、创造性的工作	自我启发辅导、内部自由创业制度
第四阶段 认可需求	职位、同事的称赞、根据业绩升职	表彰制度、人事待遇制度、职场面谈
第三阶段 社会需求	值得信赖的上司和同事	联欢活动、员工旅行、运动会
第二阶段 安全需求	安全的职场、完善的保障	健康管理、劳动保障、休假制度
第一阶段 生理需求	维持生活的金钱和时间	最低工资制度、工作与生活平衡

重点①
把握员工处于哪个需求阶段，明确应该如何满足员工的需求。

重点②
在满足了低层次的需求之后，接下来就要满足更高层次的需求。

最基本的需求。

第二阶段为安全需求：逃离危险、恐怖与不安的需求。

第三阶段为社会需求：对归属感和爱情的需求。

第四阶段为认可需求：得到他人尊重和认可的需求。

第五阶段为自我实现需求：渴望最大限度发挥自身才能的需求。

第一阶段是人类最低层次的需求，第五阶段是人类最高层次的需求。

如何使用？

通过表彰制度来满足自我实现需求

企业要想提升员工的工作积极性，首先要了解员工处于哪个需求阶段，然后使用相应的激励方法。

对处于第一阶段到第三阶段的员工，企业需要避免让员工长时间工作、完善雇佣体系、打造舒适的职场环境。从第四阶段开始，员工需要企业建立公平、公正的人事评估和表彰制度。企业按照马斯洛需求理论采取相应的激励措施可以有效地提高员工的工作积极性。

锻炼框架思考

练习题

观察自己的部下和后辈，分析其处于哪个需求阶段并思考使其进入下一个阶段的方法。

人才评估

01 卡茨管理技能模型

对管理岗位需要的技能进行分析

使用方法 **卡茨管理技能模型将管理人才需要的技能分为三类，作为人才培训时确定培训重点的指南。**

什么框架？

管理岗位需要的三种技能

管理岗位需要具备哪些技能呢？美国管理学家罗伯特·卡茨针对这个问题提出了“卡茨管理技能模型”，对管理岗位需要的技能进行了总结。

卡茨将管理者需要的能力分为“技术性技能”“人际关系技能”“概念性技能”三种。

技术性技能指的是能够顺利完成工作的业务执行能力。人际关系技能指的是能够推动团队和谐运转的人际交往能力。概念性技能指的是能够系统化地把握复杂的状况，发现课题本质的概念化能力。

使用说明

管理岗位需要的三种技能

技术性技能（业务执行能力）

- 行业知识
- 关于企业的基础知识
- 生产相关的知识
- 与自己部门相关的业务知识
- 产品相关的知识
- 销售技巧
- 客户服务技巧

…………

人际关系技能（人际交往能力）

- 对人际关系的理解
- 领导能力
- 交流能力
- 公正评价的能力
- 培养部下的能力

…………

概念性技能（概念化能力）

- 综合判断力
- 发现问题的能力
- 解决问题的能力
- 对问题进行逻辑整理和分析的能力
- 协调能力
- 制订中长期计划并执行的能力
- 创造力

…………

1 **根据卡茨管理技能模型进行评价**

根据卡茨管理技能模型，对管理人才是否拥有管理岗位需要的三种技能进行评价。

2 **根据卡茨管理技能模型制订培训计划**

参考卡茨管理技能模型，思考应该将培训的重点放在哪些方面。

3 **执行提升技能的具体方案**

根据想要提升的技能执行具体的培训计划。

卡茨管理技能模型各阶段技能所占的比率

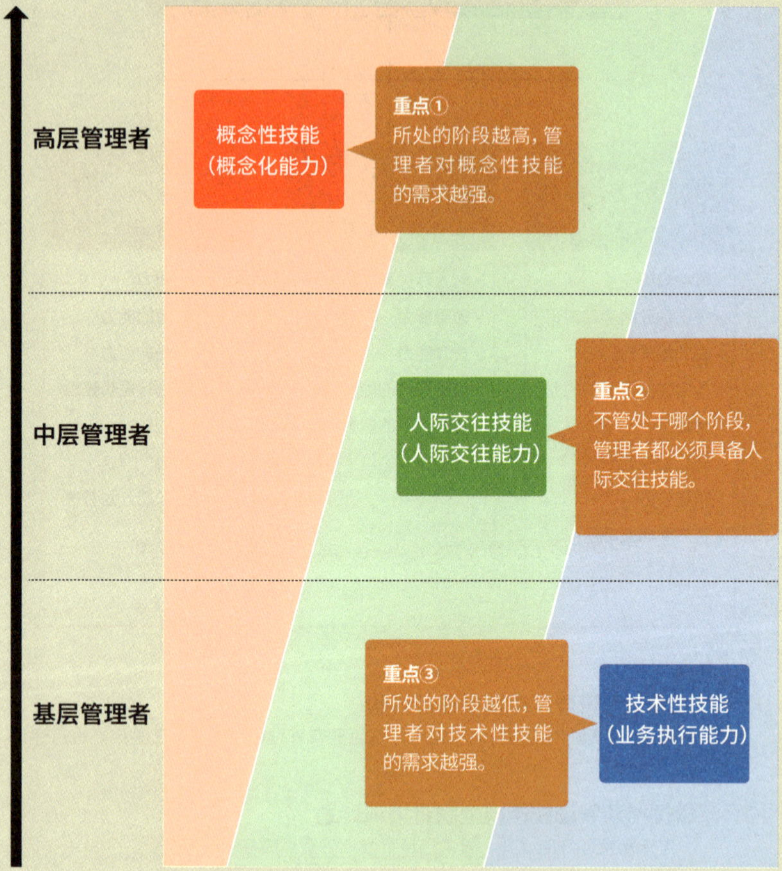

如何使用？

不同阶段需要掌握不同的关键技能

卡茨管理技能模型将管理岗位分为高层管理者（企业经营者）、中层管理者（部门负责人）和基层管理者（新上任的管理者）三个阶段。位于不同阶段的管理者需要的关键技能和各个技能之间的比例关系各不相同。

管理者所处的阶段越低，技术性技能的重要度就越高。随着管理者所处的阶段上升，概念性技能的重要度也越来越高。也就是说，企业在对新上任的基层管理者进行技能培训时，与提高概念性技能相比，提高技术性技能的培训更加重要。但需要注意的是，人际关系技能对于处于任何阶段的管理者都具有相同的重要性。

卡茨管理技能模型是能够帮助企业高效且合理地进行人才培训的框架。

锻炼框架思考

练习题

观察你周围的管理者，试着评估他们的三种技能，利用卡茨管理技能模型对管理者的阶段和能力之间的平衡性进行分析。

人才评估

02 PM 理论

通过两种能力对领导者的特征进行分析

使用方法 运用 PM 理论，可以利用达成目标的能力与维持和强化组织的能力两个维度，对领导者的特征进行分析。通过把握部下擅长的事和不擅长的事，可以让自己成为更好的领导者。

使用示例

什么框架？

将领导者分为四种类型

PM理论是通过“达成目标的能力（P功能）”和“维持和强化组织的能力（M功能）”两个维度，对领导者必备能力进行评价的理论。该理论由日本的社会心理学家三隅二不二在1966年提出。

P功能是组织达成目标、提高生产效率、解决课题的能力。M功能是在强化组织内部信任的同时领导团队的能力。

PM理论根据P功能和M功能这两个能力的大小，将领导者分为以下四种类型。

使用说明

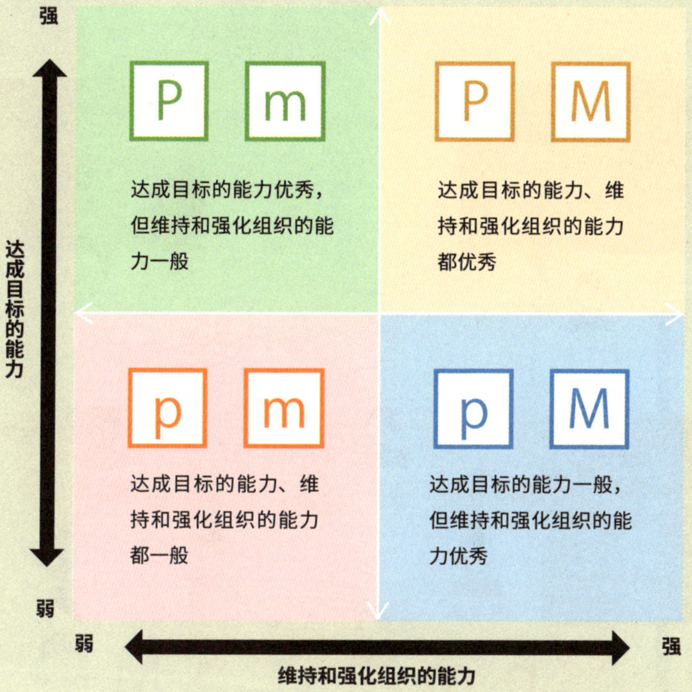

1. **把握领导者的类型**
   利用 PM 理论的矩阵，对领导者进行分类。

2. **思考培养领导能力的方针**
   摸清楚领导者属于哪一种类型之后，思考怎样才能帮助其提高领导能力。

3. **提高组织的整体能力**
   通过将 p 变为 P，m 变为 M，提高组织的整体能力。

通过 PM 理论把握成员的能力，设定培养目标

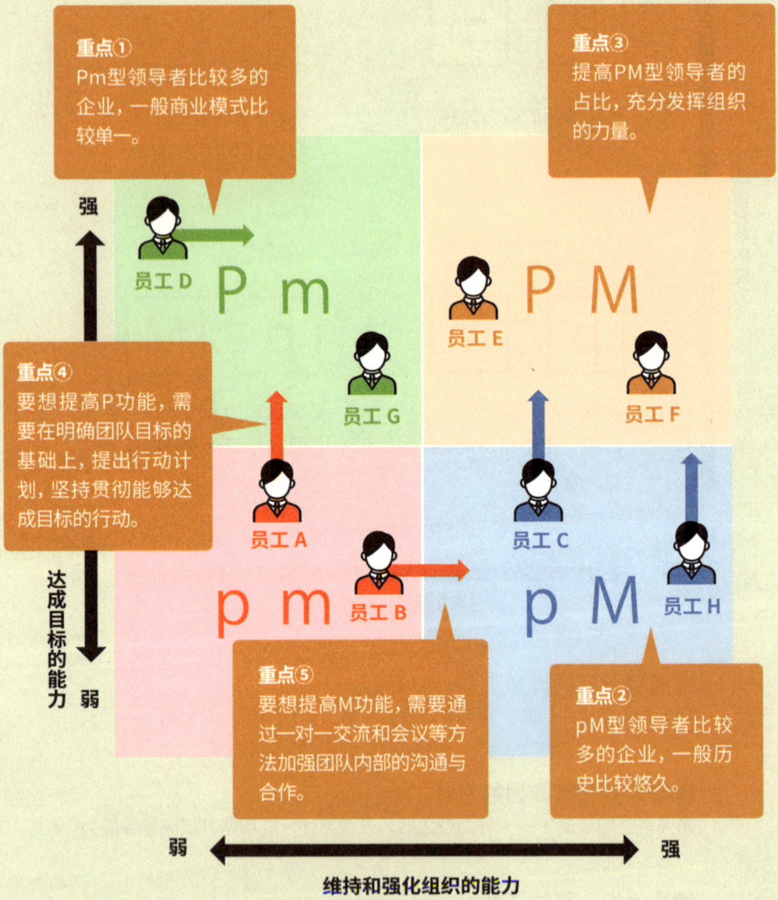

PM型：达成目标的能力优秀，维持和强化组织的能力也优秀，是最理想的领导者类型。

Pm型：达成目标的能力优秀，但维持和强化组织的能力一般。

pM型：达成目标的能力一般，但维持和强化组织的能力优秀。

pm型：达成目标的能力、维持和强化组织的能力都一般。

如何使用?

补足短板，培养理想的领导者

通过PM理论把握部下擅长和不擅长的事，补足部下的短板，就能培养出理想的领导者。

要想提高P功能，需要在明确团队目标的基础上，提出行动计划，坚持贯彻能够达成目标的行动。

要想提高M功能，需要通过一对一交流和会议等方法加强团队内部的沟通与合作，构筑成员间的信任，创造一个有利于信息共享和合作的环境。

此外，给领导者搭配一个能够帮他弥补短板的帮手也是非常有效的手段。

锻炼框架思考

练习题

利用 PM 理论对领导者和储备干部进行分析，思考如何提高其较弱的部分。

设定并达成目标

01 5W1H（6W2H）明确目标与方法的基本框架

使用方法 在思考目标和方法的时候，利用5W1H，可以极大地提高思考效率。在掌握了5W1H之后，还可以尝试使用6W2H。

使用示例

什么框架？

明确目标和方法，防止出现遗漏和无用功

很多人在小时候就学习过“5W1H”的写作方法。但实际上，这也是在商业活动之中基本且实用的通用框架之一。

5W1H包括Who（何人）、What（何事）、When（何时）、Where（何地）、Why（何因）和How（何法）。

在商业活动之中，思考5W1H的时候，最重要的是想清楚Why和How。

不管做什么，都要先明确Why，然后就要思考How。只要明确了理由和方法，就能够保证目的不会出现偏差，也更容易决定其他要素。

使用说明

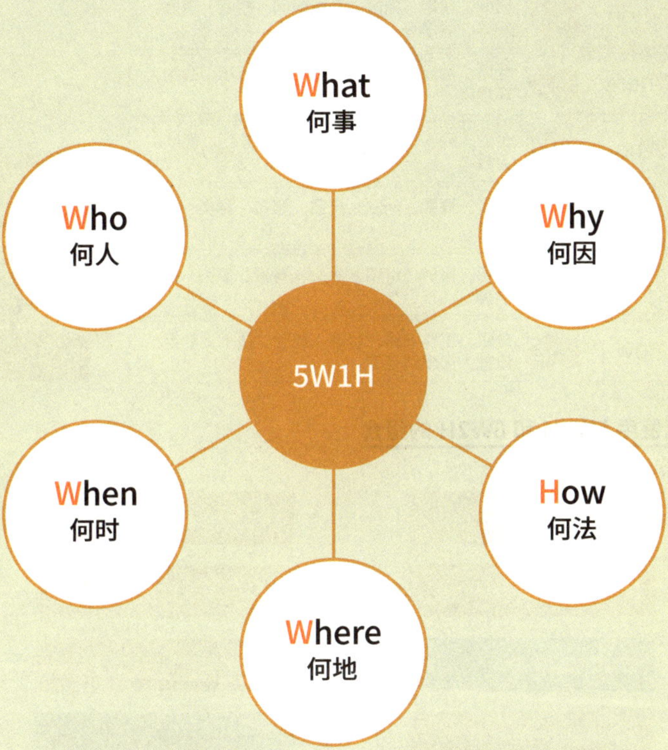

1 **利用 5W1H 明确目标**

利用 5W1H 将目标、课题、想要表达的信息等写出来，明确应该怎么做。在这个阶段，最重要的是想清楚 Why 和 How。

2 **根据具体情况增加 Whom 和 How much**

5W1H 还有一个升级版——6W2H，这是在 5W1H 的基础上增加了 Whom（为谁）和 How much（多少）两个要素。在想要明确目标、预算、成本等的情况下，可以根据具体情况增加这些要素。

充分利用 5W1H 框架

通过更换关键词来拓展思路

When	时间	时间、日期、期限、开始时间、期间、速度、频率、顺序等
Where	空间	场所、地点、位置、销售渠道、市场、会场、环境等
Who	人物	企业、顾客、消费者、负责人、部门、团队、人数等
What	事物	议题、课题、问题、产品、服务、种类、价值等
Why	理由	目标、目的、价值、意义、背景、原因、影响等
How	方法	分组、工作安排、状态、经验、技术、制度、流程、实现路径等

重点①
5W1H可以替换为以上这些关键词，通过更换关键词能够开阔思路。

灵活使用 5W1H 和 6W2H 的组合

6W2H 的示例

What	新开发的产品是……
Why	生产该产品的目的是……
Whom	目标顾客群体是……
Where	销售渠道是……
Who	企划负责人是……
How	研发与商业化的方法是……
When	研发和销售的时间表是……
How much	研发成本是…… 销售价格是……

通过更换关键词来拓展思路

Specific	Measurable	Agreed upon	Realistic	Timely
具体	可测量	能得到认可	可实现	有期限

重点②
为了实现目标，设定一个明确的目标非常重要。因此，在设定目标时应该按照SMART[①]原则来进行设定。

① SMART是Specific（具体）、Measurable（可测量）、Agreed upon（能得到认可）、Realistic（可实现）、Timely（有期限）的首字母组合。

此外，使用5W1H的思考方法还能防止出现遗漏，避免做无用功，从而极大地提高思考效率。

如何使用？

追加要素防止战略出现偏差

5W1H的升级版就是6W2H。这是在5W1H的基础上增加了Whom和How much两个新要素的框架。

通过思考Whom，能够明确目标，减少战略偏差。

How much则具有将预算、成本、利润等商业活动中非常重要的数字具体化的效果。

5W1H和6W2H是在设定目标、市场营销以及解决课题等多个领域都能够发挥作用的框架。

锻炼框架思考

练习题

设定一个自己想要实现的工作或者生活目标，然后用6W2H 将其写出来。

02 KPI 树

通过将最终目标和中期目标“数值化”“可视化”进行管理

使用方法 使用 KPI 树，将关键目标指标（Key Goal Indicator，KGI）放在顶端进行树状分解，分析为了达成 KGI 需要完成哪些指标，然后将过程进行数值化验证。

使用示例

什么框架？

分解最终目标，将过程数值化

不管是什么项目，在开始的时候都必须设定目标，这个最终需要达成的目标被称为KGI。这是在一定期间内“将什么内容完成多少”以数值的形式设定的目标，比如“本年度要将上一年度的销售额提高120%”等就是KGI。

将KGI放在顶端进行树状分解，就能把握为了实现目标所需要的各项要素。其中为了达成KGI最重要的要素被称为KPI，这个树状分解图被称为“KPI树”。

使用说明

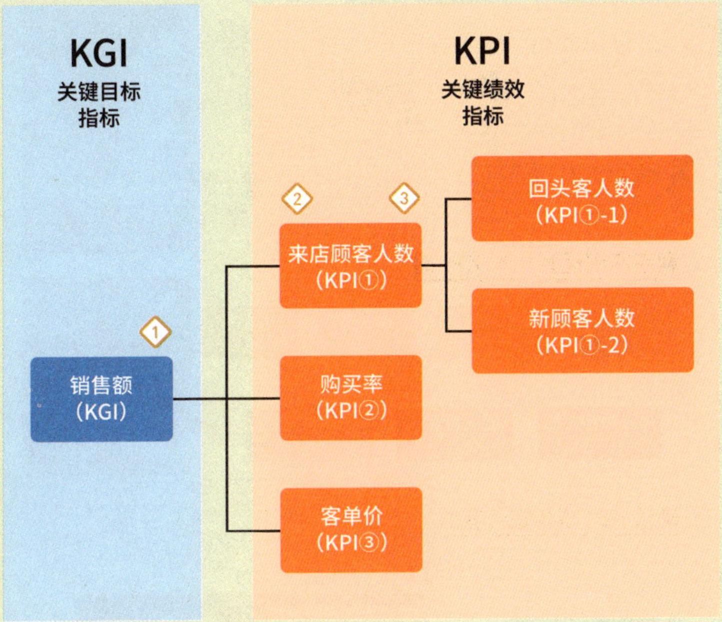

① 设定 KGI

设定作为最终目标的 KGI。KGI 是在一定期间内“将什么内容完成多少”以数值的形式设定的目标。

② 将 KGI 分解为 KPI

将 KGI 树状分解为 KPI。例如，“来店顾客人数”可被进一步分解为“回头客人数”和“新顾客人数”。

③ 在 KGI 未能达成时对 KPI 进行验证

在最终未能达成 KGI 的情况下，可以对哪个部分的 KPI 出现了问题进行验证，找出需要解决的问题。

正确制作 KPI 树的方法

KGI 要尽可能设定为明确的数值

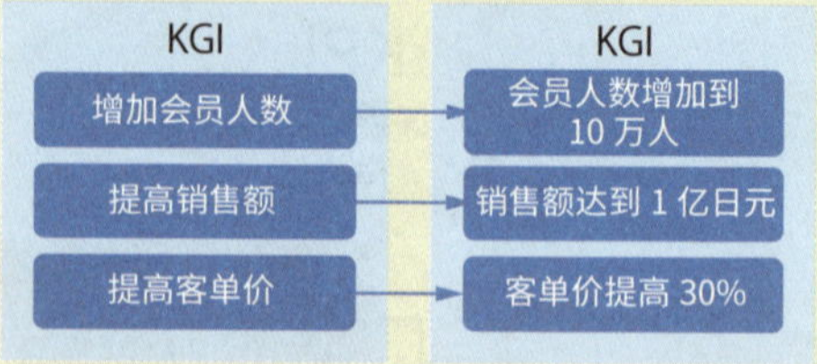

重点①
一开始设定的数值可以不必太准确，只要是个概数就可以，同时需要注意“确认KPI指标是否有效”。

利用四则运算构筑 KPI 树

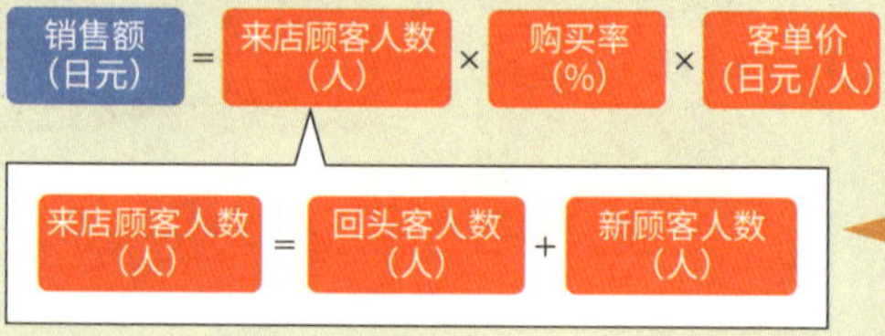

重点②
大体来说，对顾客人数（人）进行分解时用加法，对行动进行分解时用乘法。

确认 KPI 指标是否有效

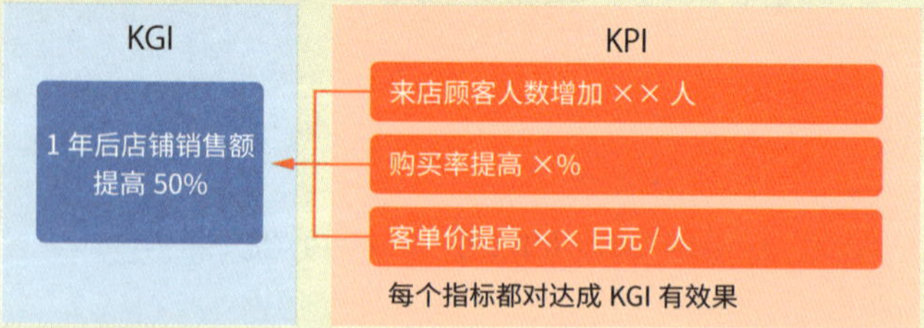

给 KPI 设定优先度

设定优先度的示例

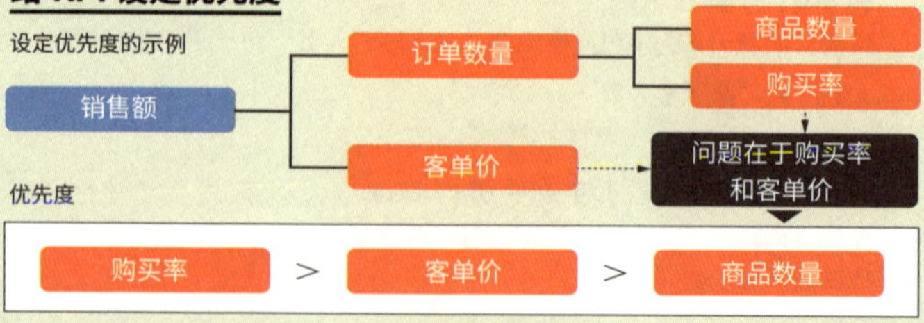

KPI是用来监测目标达成情况的中期目标。比如KGI是“本年度销售额比上一年度提高120%”，那么“增加订单数量”“提高客单价”等就是KPI。

需要注意的是，KPI必须是能够具体数值化的指标和能够测量的指标。

如何使用？

利用四则运算来制作 KPI 树

在制作KPI树的时候，设定单位十分重要。因为KPI树是利用四则运算构筑的，所以KGI的单位和分解后的KPI的单位在逻辑上必须保持一致。

KPI树的好处是能够非常明确地把握达成目标的过程和进展情况。通过KPI树将各个目标的相关性“可视化”，能够使整个组织和团队共享当前应该完成的课题。这样也能在KGI未能达成的情况下验证究竟是哪个部分的KPI出现了问题，从而有效地找出需要解决的问题。

锻炼框架思考
练习题

设定自己工作和生活的 KGI 以及相关的 KPI，制作 KPI 树。

设定并达成目标

03 PDCA
通过四个步骤的循环提高工作效率

使用方法 使用 PDCA，先设定目标，通过重复计划→执行→评价→改善的循环来提高工作效率。让 PDCA 循环起来的秘诀在于“数值化”和“习惯化”。

使用示例

什么框架?

通过重复循环来对工作进行改善

PDCA是商业活动中十分常用的框架，通过重复Plan（计划）、Do（执行）、Check（评价）、Act（改善），来提高工作效率。

PDCA各阶段的具体内容如下。

①Plan是设定目标并制订达成目标的计划。为了便于日后进行评价，最好明确数值和时间等具体的目标与进度安排。

②Do是执行计划。为了便于日后进行评价，一定要保留定量的记录内容。

使用说明

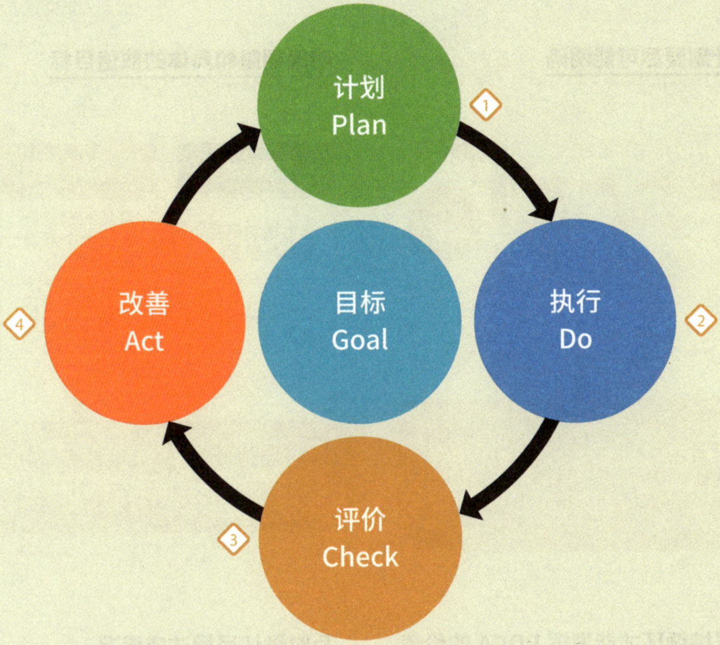

1 **制订计划**
设定目标，以过去的业绩和对将来的预测等为基础，制订达成目标的计划。

2 **执行计划**
按计划执行。

3 **评价**
确认计划是否顺利进行。

4 **改善**
对没有按计划进行的部分进行调整。

运用 PDCA 的四个关键

计划要尽可能明确

重点①

何时、何人、何事、多少，尽可能具体地制订计划，并且让全体成员都准确地把握计划内容。

明确期限和具体的数值目标

错误示例	正确示例
努力增加商品的销售数量	商品的销售数量比上个月增加 30 件
增加网站的点击量	在 1 个月之内将网站的点击量提高一倍

重点②

评价数值目标是否达成，如果没有达成则找出原因进行验证。

坚持循环才能发挥 PDCA 的价值

重点③

螺旋上升是PDCA最理想的状态，一开始可能循环不太顺畅，但只要坚持下去就会越来越顺利。

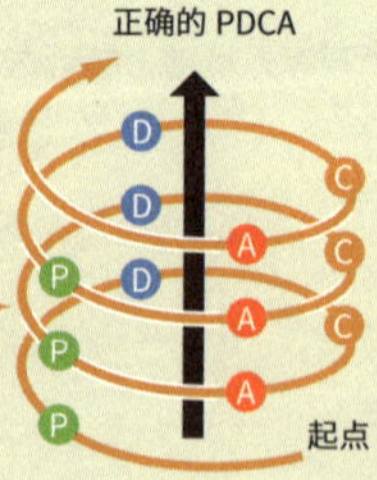

及时确认目标达成情况

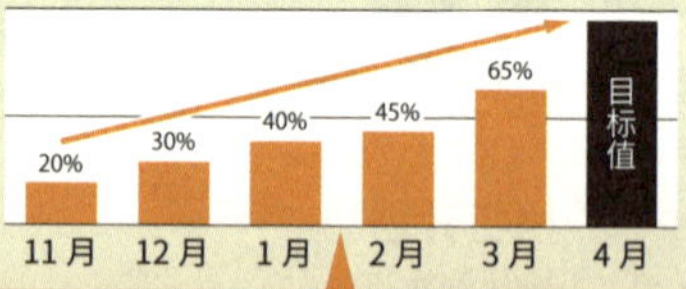

重点④

在执行PDCA时，必须及时确认目标的完成情况，在制订计划时就设定好KGI（见第158页），每隔一段时间就确认一下是否完成了目标。

③Check是对计划执行情况和目标达成情况进行评价。

④Act是根据评价结果，思考解决问题的方法，判断应该继续执行计划还是应该停止，或者经过改善之后继续执行计划。

最近出现了在PDCA的最前面加上G（Goal，目标）的G-PDCA，因为不管采取什么行动，如果没有目标就没有任何意义。我们在使用PDCA时也要时刻注意目标的重要性。

如何使用？

养成做记录让 PDCA 保持循环的习惯

在使用PDCA时，不一定能够在短时间内就取得明显的效果。为了取得成果，需要让PDCA的循环持续下去。其关键在于通过每次循环逐渐地提高成果，对业务持续地进行改善。

让PDCA持续循环下去的秘诀就是坚持对循环的结果做记录，养成习惯。

锻炼框架思考

练习题

将想要改善的工作目标尽可能具体地设定出来，通过 PDCA 尝试对其进行改善。

◆ 把握优势

在制订企业的增长战略时，要先把握企业的优势和劣势。

与此同时，还要对企业所处的内部环境和外部环境进行分析，把握现状。

01 SWOT 分析　　**02 价值链分析**

03 安索夫矩阵　　**04 帕累托法则**

◆ 构筑竞争优势

企业应该如何参与市场经营？应该投资什么产品？

企业在制订经营战略和决策时可以用到以下三个框架。

01 波士顿矩阵　　**02 定位地图**

03 波特的三个基本战略

第六章

制订『经营战略』的框架

说起经营战略，可能很多人都认为这是只有经营者和管理者才需要考虑的问题，但实际上，把握自己所在企业的优势，对企业所处的环境进行分析，是商务人士必不可少的能力。

把握优势

01 SWOT 分析

把握企业的优势和劣势，制订最强的经营战略

使用方法 **使用 SWOT 分析，把握市场趋势、竞争状况等外部环境和资产、品牌影响力等内部环境，可以对企业的优势和劣势进行分析，并以此为基础思考经营战略。**

使用示例

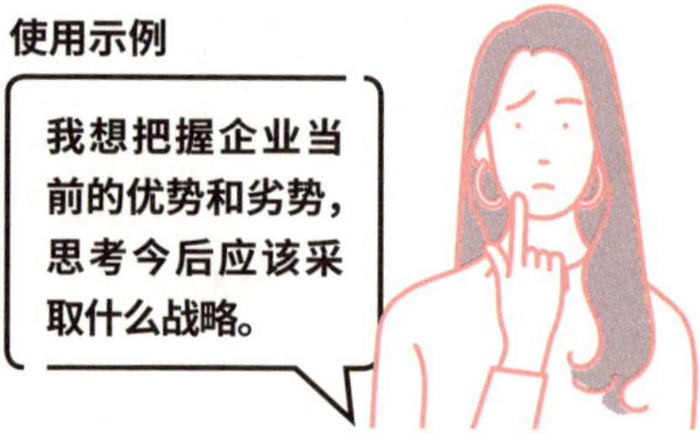

什么框架？

从外部环境和内部环境思考企业的优势和劣势

在思考经营战略和事业战略时，准确地把握企业的现状并进行分析是必不可少的。把握市场趋势、竞争状况等外部环境和资产、品牌影响力等内部环境，对企业的优势和劣势进行分析的框架就是“SWOT分析”。

SWOT是Strengths（优势）、Weaknesses（劣势）、Opportunities（机会）和Threats（威胁）的首字母组合。其中，“优势”和“劣势”是企业与竞争对手进行对比时的相对评

使用说明

① 根据企业的优势、劣势、机会和威胁进行分析

在由内外部环境和正负面影响组成的矩阵之中写出分析结果。

SWOT

	正面影响	负面影响
内部环境	Strengths 优势	Weaknesses 劣势
外部环境	Opportunities 机会	Threats 威胁

② 利用综合 SWOT 分析将战略具体化

从攻与守的角度对环境进行综合分析，明确具体的战略课题，指明今后的事业发展、前进的方向。

综合 SWOT 分析

	Strengths（优势）	Weaknesses（劣势）
Opportunities（机会）	优势 × 机会 能够充分利用自身优势的事业机会是什么？	劣势 × 机会 怎样做才能让自身不会因为劣势而错过事业机会？
Threats（威胁）	优势 × 威胁 是否能够利用自身的优势来避免威胁？ 是否能够利用自身的优势将竞争对手面对的威胁转变为自身的机会？	劣势 × 威胁 怎样做才能避免陷入威胁与劣势相结合的最坏局面？

利用 SWOT 对北欧小商品电商网站进行分析

SWOT	正面影响	负面影响
内部环境	**Strengths（优势）** • 网站的 UI（用户界面）比竞争对手更加优秀 • 与瑞典著名的 A 品牌签订了独家销售合同，同时还在开发联名商品 • 拥有实体店铺	**Weaknesses（劣势）** • 网站的更新频率较低 • 没有利用社交媒体进行宣传 • 无法销售竞争对手独家代理的 B 品牌商品
外部环境	**Opportunities（机会）** • 使用智能手机网购的用户增加 • 出现了北欧小商品热潮 • 影视明星喜欢 A 品牌的商品 • 经济形势好转使客单价上升	**Threats（威胁）** • 日元持续贬值 • B 品牌的商品物美价廉 • 出现了欧洲小商品折扣网站，销售额迅速增长 • 搜索引擎营销进展不顺利 • 出现库存积压的情况

重点①
在进行SWOT分析时，要先从本企业无法控制的外部环境开始分析。

综合 SWOT 分析	Strengths（优势）	Weaknesses（劣势）
Opportunities（机会）	**优势 × 机会** • A 品牌的价值进一步提升 • 对智能手机 UI 进行改善，加强搜索引擎营销	**劣势 × 机会** • 提高网站的更新频率 • 利用社交媒体进行宣传 • 销售不会出现合同纠纷的商品
Threats（威胁）	**优势 × 威胁** • 提高 A 品牌的附加价值 • 开发与 A 品牌的联名商品 • 重新审视搜索引擎营销	**劣势 × 威胁** • 策划网站与社交媒体联动 • 思考削减成本的方法 • 加强库存管理

重点②
“优势×机会”要思考如何创造对自身有利的局面；
“劣势×威胁”要思考如何将自身的损失降到最低。

价；“机会”指的是“对企业有正面影响的外部环境变化”；“威胁”指的是“对企业有负面影响的外部环境变化”。

如何使用？

通过四个项目来思考战略

在使用SWOT分析时，可以将四个项目放在矩阵之中进行验证。

首先从企业无法控制的外部环境开始进行分析。对于外部环境的机会和威胁，可以利用PEST分析（见第92页）等方法，从宏观环境和微观环境的角度分别进行分析：分析宏观环境需要关注经济形势变化、法律法规调整等；分析微观环境需要关注顾客需求变化、行业和竞争对手动向等。

然后是对内部环境的优势和劣势进行分析。为了尽可能客观地进行分析，最好使用具体的数值与竞争对手进行对比。

将四个项目都写出来之后，为了能够落实到具体的战略上，可以将四个项目分别组合到一起进行综合分析。这也被称为综合SWOT分析，其中最重要的一个组合是“优势×机会”。充分发挥企业的优势来把握机会，从而在竞争中取胜，这是提升企业业绩的最优路径。

锻炼框架思考 练习题

以外部环境变化剧烈的当今时代为背景，写出自己所在企业的“优势”“劣势”“机会”“威胁”，并进行综合 SWOT 分析。

把握优势

02 价值链分析

通过与竞争对手对比发现竞争优势的源泉

使用方法 价值链分析是将企业的活动进行分解，对每一个步骤产生的价值和消耗的成本进行分析。通过与竞争对手进行对比，企业可以发现自身的优势和劣势，利用 VRIO[①]分析对竞争优势进行分析。

使用示例

什么框架？

明确哪一个步骤能够创造附加价值

要想了解自身的优势，企业就必须找出自己的产品和服务之中对顾客来说特别有附加价值的要素，而发现附加价值的框架就是“价值链分析”。

价值链是从原材料的筹集到将产品和服务提供给顾客，企业创造价值的全部动态活动。这最早是由美国的管理学家迈克尔·波特在《竞争优势》一书之中提出的。

① VRIO是Value（价值）、Rarity（稀缺性）、Inimitability（不可模仿性）和Organization（组织）的首字母组合。

使用说明

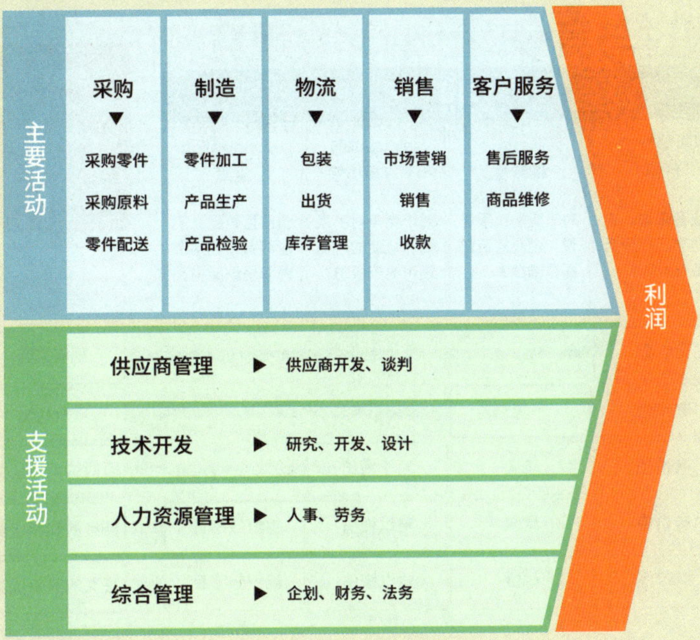

1 **将企业活动“分解”**

将企业的总体活动分解为不同环节的具体活动。

2 **对各项活动的价值和成本进行分析**

分析各项活动产生的价值和成本，然后强化和维持创造价值的活动，尽可能提高瓶颈的效率。

3 **通过 VRIO 分析各项活动的竞争优势**

利用 VRIO 分析对各项活动的竞争优势进行分析，见第 174 页。

通过 VRIO 分析把握价值链中各项活动的优势和劣势

VRIO 分析

Value 价值	Rarity 稀缺性	Inimitability 不可模仿性	Organization 组织	竞争优势的水平
对顾客来说，企业的产品和服务有没有价值？	对于竞争对手来说，企业的资源是否稀缺？	对于竞争对手来说，企业的产品是否易于模仿？	企业是否建立了能够有效利用资源的组织架构？	
无价值	→	→	→	竞争劣势
有价值	不稀缺	→	→	竞争均衡
有价值	稀缺	易于模仿	→	暂时的竞争优势
有价值	稀缺	难以模仿	组织效率低	持续的竞争优势
有价值	稀缺	难以模仿	组织效率高	长久的竞争优势

重点① 要想获得长久的竞争优势，必须满足全部四个要素。

出处：根据杰恩・巴尼的《战略管理和竞争优势》制作

价值链	V	R	I	O	方针
研发	✓	✓	✓	△	这是企业竞争力的源泉，应该继续加大研究开发力度，与竞争对手拉开差距
生产	△	✓	△	✓	通过技术创新和降低成本继续维持竞争优势
物流	×	×	×	△	因为不具备竞争优势，今后可以考虑将这部分活动外包出去
销售	△	✓	△	✓	凭借不逊色于竞争对手的销售实力开拓新渠道
服务	✓	△	✓	×	充分利用优势，从企业战略的角度设法扩大竞争优势

重点② 利用VRIO对价值链进行分析时，可以使用“✓”“△”“×”等对各项活动进行评价。在把握各项活动的优势和劣势的基础上，思考今后的方针。

价值链分析就是将企业的所有活动分步骤地进行分析。这样就能具体地看出哪些步骤创造了附加价值，与竞争对手相比，企业自身的哪些步骤具备优势、哪些步骤存在差距。

如何使用?

利用 VRIO 分析对竞争优势进行分析

价值链分析要从把握企业的价值链开始。

首先，将企业活动分为采购、制造、物流、销售、客户服务等主要活动，以及技术开发、人力资源管理等支援活动，然后再将每个活动尽可能细分为多个步骤。

其次，把握各个步骤的费用和成本。

再次，与竞争对手比较各个步骤的优势与劣势并加以分析。

最后，通过VRIO分析，评估“价值”“稀缺性”“不可模仿性”“组织”四个要素，对价值链的优势和劣势进行分析，把握竞争优势。

通过VRIO分析找出价值链中最有竞争力的部分，将其作为竞争优势的源泉。这样就能制订出进一步提高竞争优势的战略，并且明确今后应该进一步加强的企业活动。

锻炼框架思考

练习题

将自己的工作“分解”，通过 VRIO 分析对各步骤的价值和成本进行分析，找出附加价值高的步骤和瓶颈。

把握优势

03 安索夫矩阵

通过两个轴来思考企业的增长战略

使用方法 运用安索夫矩阵，以企业的目标市场和产品为轴，对市场渗透战略、新产品开发战略、新市场开发战略、多元化战略四种增长战略进行分析和思考。

使用示例

什么框架？

发展事业的四种战略

安索夫矩阵是由被誉为“战略管理之父”的伊戈尔·安索夫提出的企业增长战略框架。

利用由市场、产品和现有、新增划分而成的四个象限，对以市场和产品为基础的四种增长战略进行分析。

①市场渗透战略。为了在现有市场提高现有产品的销售额，让产品渗透进市场的战略。

②新产品开发战略。向现有市场投放新开发的产品的战略，比如推出新产品或者增加现有产品的功能等。

使用说明

① **思考市场渗透战略**

思考提高市场占有率的战略，比如提高顾客的购买数量、购买金额、购买频率等。

② **思考新产品开发战略**

思考向现有顾客提供新技术（换代）产品的战略。

③ **思考新市场开发战略**

思考面向新目标顾客群体或者在新地区以开拓新市场为目标的战略。

④ **思考多元化战略**

思考在新市场推出新产品的战略。多元化战略又可以分为四种不同类型。

四种战略示例

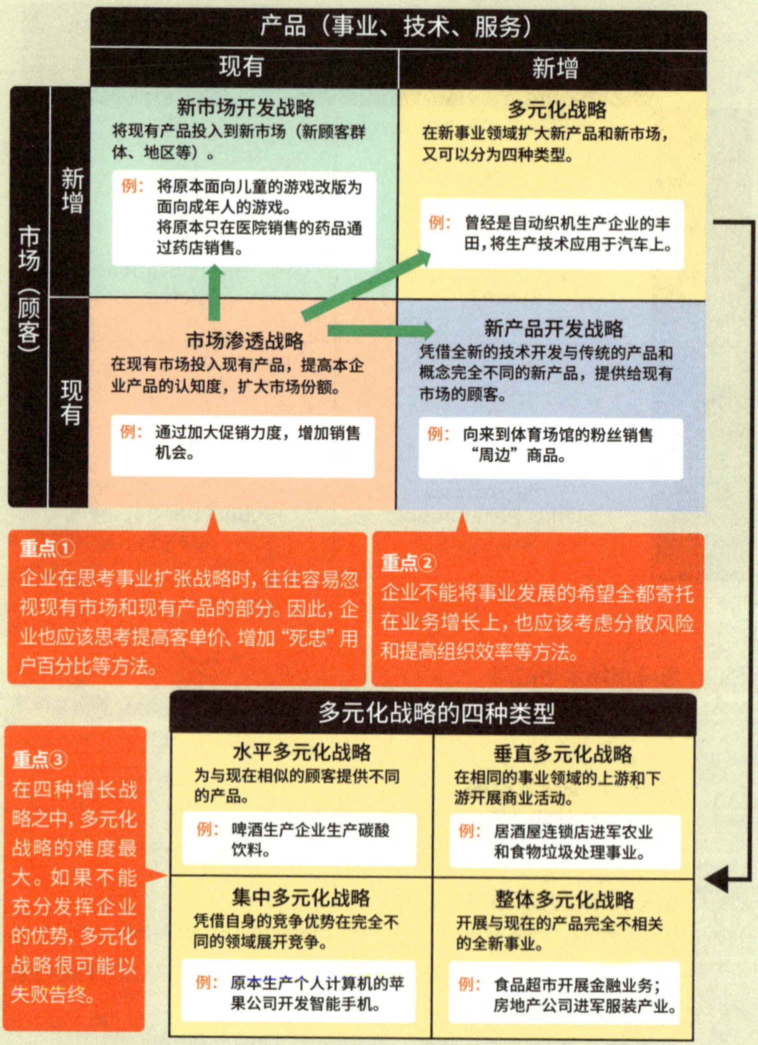
产品（事业、技术、服务）
现有
新增
市场（顾客）
新增
现有
新市场开发战略
将现有产品投入到新市场（新顾客群体、地区等）。
例：将原本面向儿童的游戏改版为面向成年人的游戏。
将原本只在医院销售的药品通过药店销售。
多元化战略
在新事业领域扩大新产品和新市场，又可以分为四种类型。
例：曾经是自动织机生产企业的丰田，将生产技术应用于汽车上。
市场渗透战略
在现有市场投入现有产品，提高本企业产品的认知度，扩大市场份额。
例：通过加大促销力度，增加销售机会。
新产品开发战略
凭借全新的技术开发与传统的产品和概念完全不同的新产品，提供给现有市场的顾客。
例：向来到体育场馆的粉丝销售“周边”商品。
重点①
企业在思考事业扩张战略时，往往容易忽视现有市场和现有产品的部分。因此，企业也应该思考提高客单价、增加“死忠”用户百分比等方法。
重点②
企业不能将事业发展的希望全都寄托在业务增长上，也应该考虑分散风险和提高组织效率等方法。
多元化战略的四种类型
水平多元化战略
为与现在相似的顾客提供不同的产品。
例：啤酒生产企业生产碳酸饮料。
垂直多元化战略
在相同的事业领域的上游和下游开展商业活动。
例：居酒屋连锁店进军农业和食物垃圾处理事业。
集中多元化战略
凭借自身的竞争优势在完全不同的领域展开竞争。
例：原本生产个人计算机的苹果公司开发智能手机。
整体多元化战略
开展与现在的产品完全不相关的全新事业。
例：食品超市开展金融业务；房地产公司进军服装产业。
重点③
在四种增长战略之中，多元化战略的难度最大。如果不能充分发挥企业的优势，多元化战略很可能以失败告终。

③新市场开拓战略。通过进军新市场、开拓新顾客来提高现有产品销售额的战略。

④多元化战略。在新市场推出新产品以提高销售额的战略。

如何使用？

多元化战略具有高风险、高回报的特点

在上述四种战略之中，多元化战略最为重要，因此其又可以细分为四种不同类型的战略：在同一领域将事业水平拓展的水平多元化战略；在供应链的上游（生产）或下游（销售）拓展业务的垂直多元化战略；集中资源开发与现有产品类似的产品，进军新市场的集中多元化战略；进军与现有事业完全不相关市场的整体多元化战略。

多元化战略一旦取得成功，就能在新市场取得优势地位，可以说有很大的好处，但风险也很大。

在开拓市场和思考进军新市场的战略时，利用安索夫矩阵思考增长战略是非常有效的。

锻炼框架思考

练习题

根据安索夫增长矩阵，思考自己所在企业的四种增长战略。

把握优势

04 帕累托法则

把握创造 80% 销售额的最重要的事业

使用方法 运用帕累托法则，按照客户或产品的分类将销售额整理成图表，对贡献度和重要度进行分析，找出贡献 80% 以上销售额的顾客或产品，思考企业今后的发展方向。

使用示例

什么框架？

“少数派占据多数资源”法则

帕累托法则是以意大利经济学家维尔弗雷多·帕累托的名字命名的。他通过统计学的方法对英国社会财富分配进行的研究结果表明，20%的人口拥有了80%的社会财富。根据帕累托法则，在很多经济现象中，整体数值的绝大部分（80%）是由其中的较少部分（20%）要素所创造的，所以帕累托法则也被称为“二八定律”。

帕累托法则不但适用于经济学，也适用于管理学和心理学等领域。在商业活动之中，帕累托法则经常被用于销售管理和顾客

使用说明

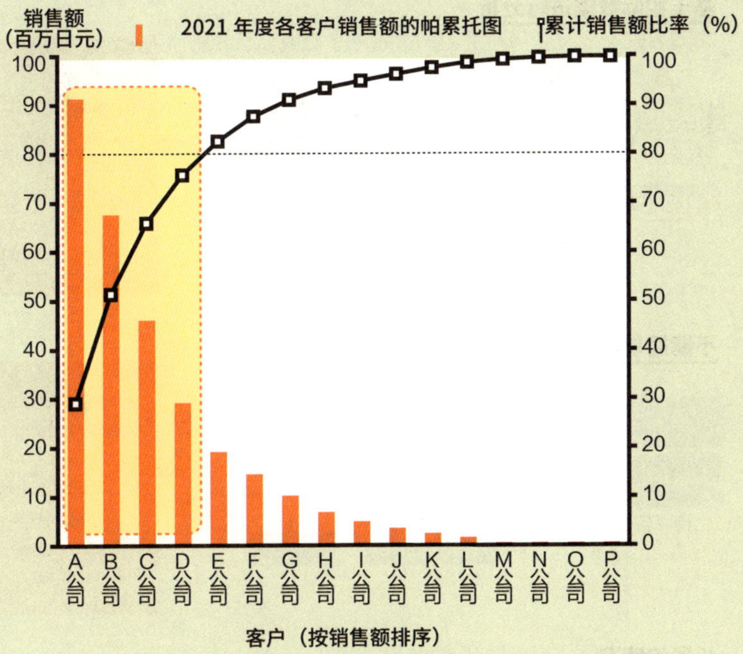

1 图表化

将客户（或者产品）的销售额整理为图表，按照数据降序排列，累计数据也要统计出来。

2 对贡献度和重要度进行分析

分析客户对销售额的贡献度和重要度，思考今后的发展方向。

3 如有必要就集中资源

如果不管销售额多少，管理成本都相差不大，就应该将经营资源集中在优质客户或者有发展潜力的客户身上。

帕累托法则的注意事项

基于实际数据进行分析

重点①
一般情况，比率为20∶80（30∶70），但在有些行业或企业也可能出现40∶60或者10∶90的情况，因此要根据实际的数据进行分析。

不能简单地分割

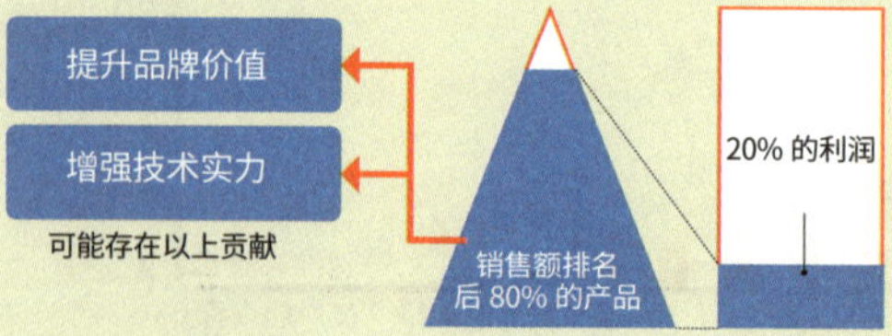

重点②
除了帕累托法则的贡献度之外，还可能存在其他要素对企业做出贡献的情况。因此，在分析时不能简单地分割，要仔细地进行分析。

长尾的情况

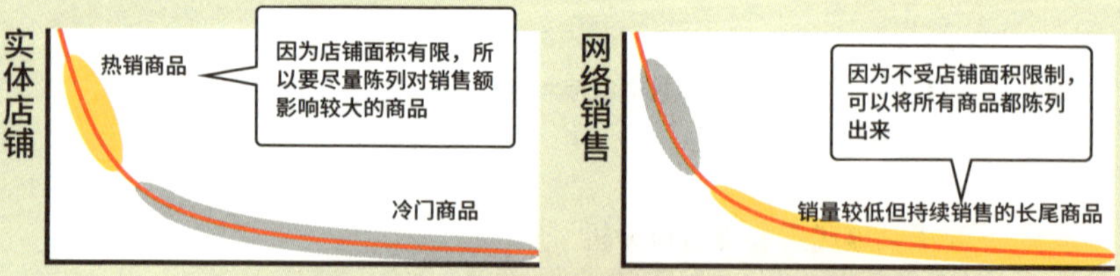

重点③
近年来，出现了以较少的成本获取长尾利润的商业模式。亚马逊等电子商务网站和音乐下载服务就是其中的典型案例。

管理。比如“80%的销售额是由销量排名前20%的产品创造的”，“80%的销售额是由购买量排名前20%的客户创造的”。

虽然实际的数字不一定是非常精确的80：20，但总体上来说，大多数实际情况符合“少数要素创造多数贡献”。通过帕累托法则可以发现，如果企业将资源集中在贡献度比较高的要素上，就能够提高经营效率。

如何使用？

通过图表将要素分为三个不同的等级

在库存管理等数据管理之中应用帕累托法则的方法也被称为ABC分类法。这是将数据按照降序排列，计算累计比率，根据构成比率分为三个等级的分析方法。

将数据按照降序排列的图也被称为帕累托图。帕累托图能够非常直观地表示出排名靠前的客户或产品在全部销售额中的重要度。

通过帕累托分析找出排名前20%的要素，并对原因进行分析，可以根据这些经验对剩余80%的要素进行改善。

锻炼框架思考

练习题

将自己所在企业的产品或客户按照销售额降序排列，计算排在前 20% 的产品或客户在销售额中所占的比率。

构筑竞争优势

01 波士顿矩阵

“扩张”还是“收缩”？制订企业的产品战略

使用方法 **运用波士顿矩阵，通过销售增长率和市场占有率两个维度对企业的产品进行分析，思考如何分配企业的优质资源。**

使用示例

什么框架？

将产品分为四类，制订整体战略

波士顿矩阵是站在利润和投资必要性的角度，对企业的多种产品进行资源分配的框架。

波士顿矩阵通过“销售增长率”和“市场占有率”两个维度，将企业的各种产品分为以下四类。

①金牛产品：市场占有率较高，是现在最赚钱的产品。但因为其市场已经处于成熟期，未来销售额提高的可能性很低，所以不需要进行太多投资，未来很有可能出现销售额下降的情况。

②明星产品：销售增长率、市场占有率都很高，是销售额持续增加的产品。但因为其市场竞争激烈，为了维持市场占有率需

使用说明

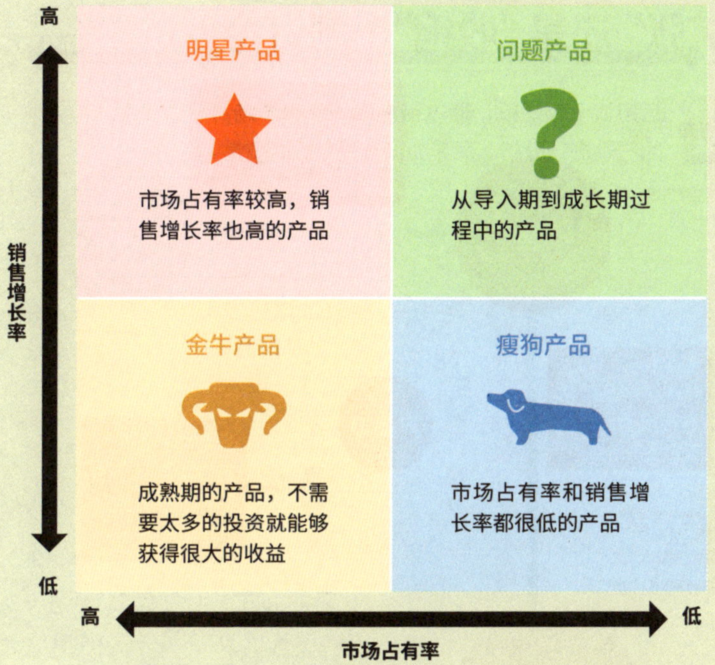

1 将企业的产品放在四个象限之中

将企业的产品（或者业务），放在以销售增长率和市场占有率为基准轴的矩阵之中，可以用圆形的大小来表示销售规模。

2 确认四种类型

确认产品属于金牛产品、明星产品、问题产品、瘦狗产品之中的哪一种。

3 选择与集中

从整体的角度思考企业今后应当采取的战略，比如将金牛产品产生的利润投入到明星产品之中等。

利用金牛产品产生的利润开发新产品

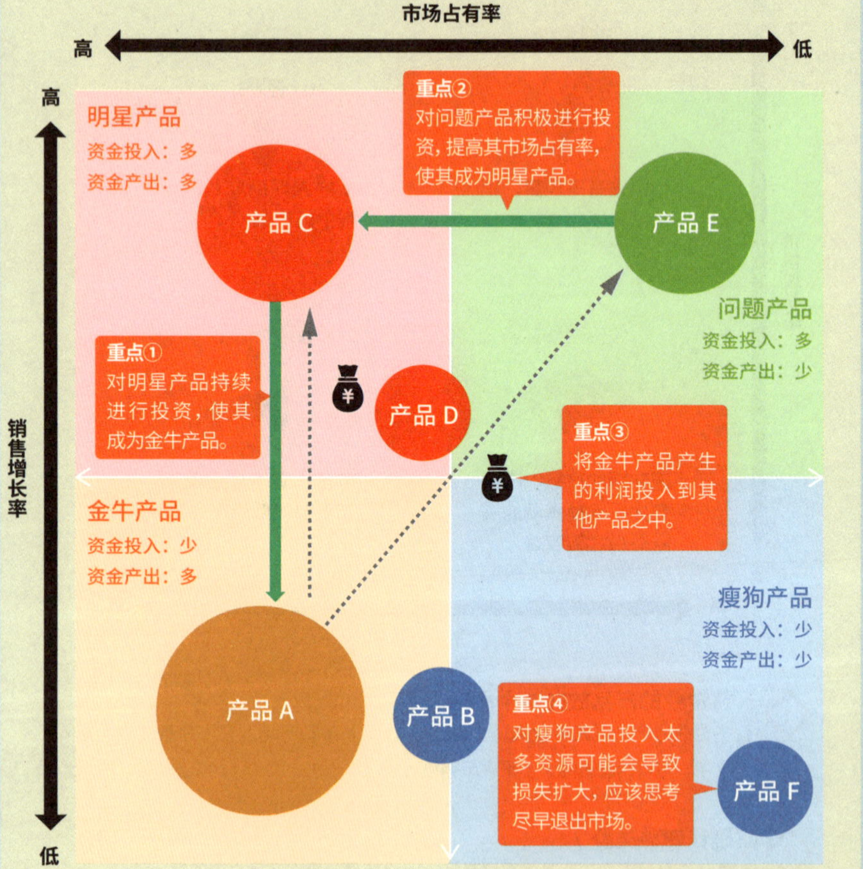

要持续进行投资。明星产品的目标是成为金牛产品。

③问题产品：销售额增长需要大量投资，但市场份额较低、销售额较少的产品。如果市场占有率得到提升，问题产品可能成为明星产品。

④瘦狗产品：销售增长率和市场占有率都很低，应该退出市场的产品。

如何使用？

应该积极投资销售增长率高的产品

一般情况下，新产品最初是问题产品，然后成为明星产品，再成为金牛产品，最终变为瘦狗产品。销售增长率高的产品，行业变化快、竞争激烈，因此需要加大投资力度；市场占有率高的产品，也容易获得高收益。

企业在将各种产品放在四个象限之中时，可以用圆形的大小来表示销售规模，使各种产品的综合情况一目了然，便于思考应当采取的战略。通过使用波士顿矩阵，企业能够明确如何对多种产品进行资源分配。

锻炼框架思考

练习题

将自己所在企业的产品放在波士顿矩阵中进行分类，思考企业今后应当采取的战略。

构筑竞争优势

02 定位地图
发现能够不战而胜的“空白市场”

使用方法 运用定位地图，将企业和竞争对手放在矩阵之中，寻找能够实现差异化的定位。企业可以在竞争对手没有进入的市场空白地带寻找成功的机会。

使用示例

什么框架？

通过两个相关性较低的因素作为基准轴的矩阵，把握企业所在的位置

在思考经营战略和产品战略时，定位是非常重要的。定位指的是让企业的产品和服务在目标市场之中处于与其他企业存在差异、能够取得竞争优势的位置。明确各个企业在市场之中的位置，从市场整体的情况来把握企业定位的框架就是“定位地图”。

定位地图通过两个基准轴使企业与竞争对手的定位“可视化”。

在制作定位地图时，最大的难点就是如何设定两个基准轴。在设定两个基准轴的时候，需要以顾客购买企业的产品和服务时的

使用说明

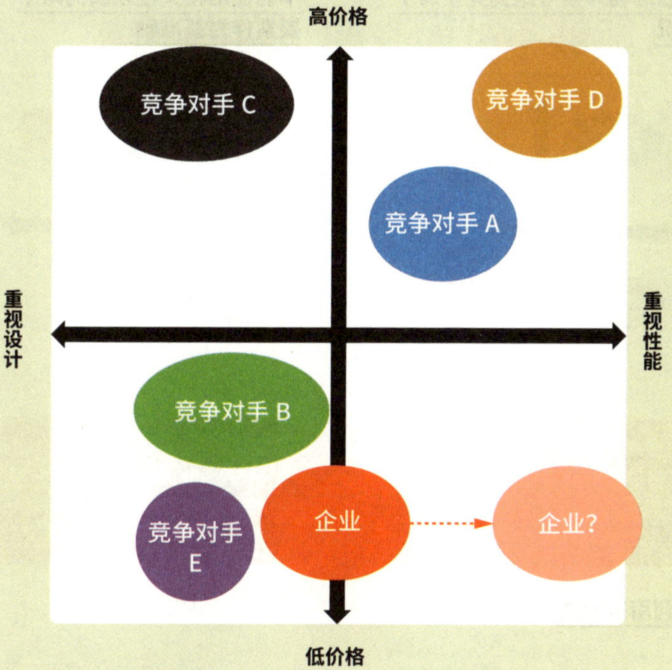

① 设定纵轴与横轴

从目标顾客购买商品时的决定性因素之中选出两个关键购买因素，作为纵轴和横轴制作矩阵。

② 将企业与竞争对手放入矩阵

将企业与竞争对手放入矩阵之中，也可以用企业和竞争对手提供的产品和服务来代替。

③ 寻找能够实现差异化的定位

通过定位地图寻找能够实现差异化的独特定位。在其他企业没有进入的市场空白地带推出产品和服务，取得成功的可能性更高。

活用定位地图的方法

设定基准轴时要考虑到竞争对手的情况

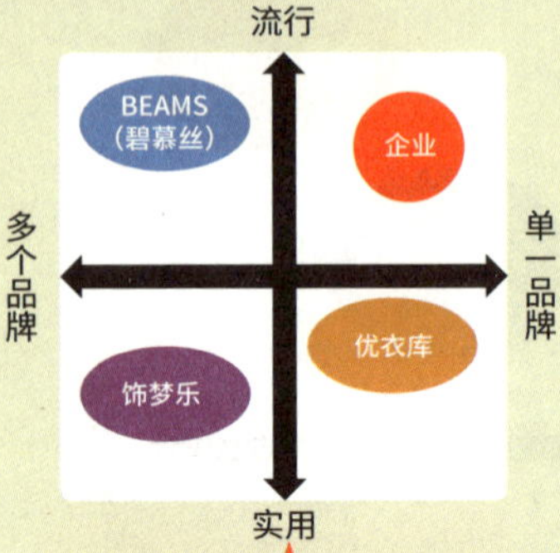

重点①
在设定基准轴时要考虑到竞争对手的情况，使自己与竞争对手之间的差距“可视化”。

不能使用相关性较高的两个要素作为基准轴

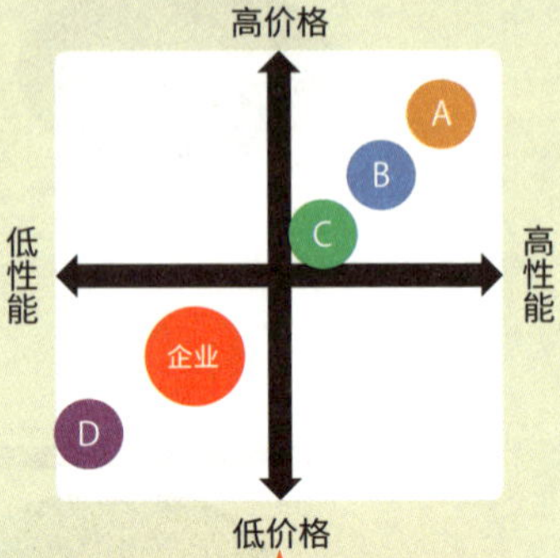

重点②
将性能和价格这两个相关性较高的因素设定为基准轴，往往会出现这种呈一条斜线排列的情况。

可以利用感知图

感知图能够体现出顾客对产品的实际认知

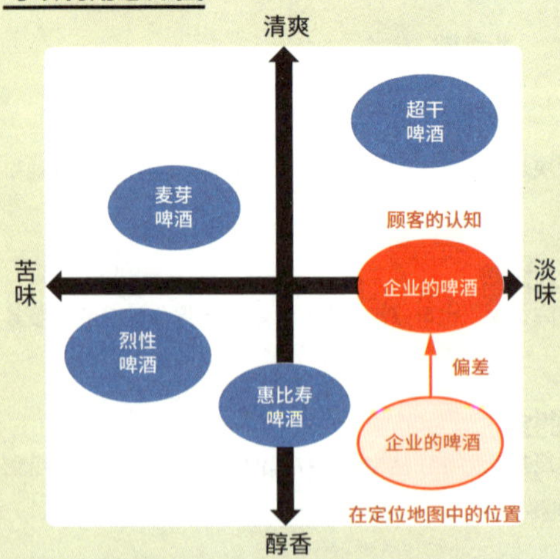

重点③
把握顾客对企业产品的实际认知情况，如果感知图与定位地图存在偏差，则需要对定位地图进行调整。

关键购买因素（Key Buying Factors，KBF）为基准。如果KBF是“价格便宜”和“设计优秀”，那么就要以“价格”和“设计与性能”为基准轴。

如何使用？

放弃哪个市场，进军哪个空白领域？

需要注意的是，在制作定位地图时，不能选择相关性高的两个因素作为基准轴。比如，价格高的产品通常性能也相对较高，如果选择“价格”和“性能”两个因素作为基准轴，那就不能形成有效的定位地图。因此，需要选择两个相关性较低的因素作为基准轴。

将企业与竞争对手放在矩阵中之后，企业可能会发现自己和竞争对手处于同一个细分市场。这个细分市场的竞争非常激烈。在这种情况下，企业就需要考虑是否应该放弃一部分市场，这也是定位地图非常重要的作用。

定位地图也可以帮助企业发现竞争对手没有进入的市场空白地带，企业可以率先进军该领域，或许能够不战而胜，成为细分市场的第一名。此外，定位地图还能够从整体的角度把握较早进入市场的企业的优势和劣势，对较晚进入市场的企业也有很多好处。

锻炼框架思考
练习题

试着给汉堡连锁店（麦当劳、肯德基、汉堡王等）制作定位地图。

构筑竞争优势

03 波特的三大基本战略

利用三种方法构筑竞争优势

使用方法 通过成本领先、差异化、集中化三大基本战略，对企业和竞争对手的经营环境进行分析，然后以此为基础思考企业应该选择的战略方向。

使用示例

什么框架？

通过三大战略找出最适合企业的竞争战略

美国的管理学家迈克尔·波特，从企业如何构筑竞争优势的角度出发，提出了三大基本战略——成本领先战略、差异化战略和集中化战略，并通过以“战略目标的广度”和“竞争优势类型”两个要素作为基准轴的矩阵来表示。

成本领先战略指的是通过降低产品和服务的成本，来构筑竞争优势的战略。企业只要降低成本和费用就能增加利润，优衣库和萨莉亚就是比较典型的例子。

差异化战略是通过差异化来提高自身产品和服务价值的战略，比较典型的例子是综合免税店堂吉诃德和星巴克。

使用说明

战略目标的广度		竞争优势类型：比竞争对手成本低	竞争优势类型：得到顾客认可的特殊性
广（全体客户）	↕	**成本领先战略** 以广阔的市场为目标，凭借持续降低成本构筑竞争优势	**差异化战略** 通过高品质、多品种、服务、附加价值等差异化来构筑竞争优势
窄（特定领域）		**集中化战略（成本集中）** 筛选目标顾客群体，凭借成本优势赢得竞争	**集中化战略（差异化集中战略）** 筛选目标顾客群体，凭借差异化优势赢得竞争

1. **分析企业和竞争对手的经营环境**
   通过波特的三大基本战略，对企业和竞争对手的经营环境进行分析。

2. **思考企业应该选择的战略方向**
   在把握了竞争对手采取的战略之后，思考企业应该采取什么战略。

3. **分析各个战略的风险**
   任何战略都存在风险，企业要在控制风险的基础上执行战略。

三大基本战略的优势与风险

五个竞争要素	成本领先战略 千方百计降低成本	差异化战略 提供特殊的价值	集中化战略 将资源集中在特定领域
五力分析			
新进入者（潜在竞争者进入市场的能力）	将经济规模、低成本等作为准入门槛	将品牌等附加价值作为准入门槛	通过成本集中化战略或者差异化集中战略在竞争中获胜
同业竞争者（现有竞争者的竞争能力）	凭借低成本取得高出平均水平的收益	依靠忠实顾客来提高竞争力	
替代品（替代品的替代能力）	处于比竞争对手更有利的位置	处于比竞争对手更有利的位置	
购买者（购买者的议价能力）	采取降价攻势	在其他企业买不到同样的东西	
供应商（供应商的议价能力）	通过提高生产效率来应对原材料成本上涨	凭借高利润来应对供应商的涨价威胁	
主要风险	• 技术革新使过去的投资和经验失效 • 在差异化上极大地落后对手 • 败给成本集中化战略	• 被竞争对手模仿 • 失去对顾客的吸引力 • 在成本上极大地落后于对手 • 败给差异化集中战略	• 市场消失或者缩小 • 市场被细分 • 规模效应明显优于集中效应，败给成本领先战略和差异化战略

重点③
这是最难想出具体对策的战略。在采用差异化集中战略时，最重要的就是通过多样化的方向和方式实现与竞争对手的差异。

重点①
成本领先战略是大多行业龙头企业采取的战略，因为这些企业成本很低，所以在面对价格竞争时拥有更大的降价空间，而在价格相同的情况下则能够获得比竞争对手更多的利润。

重点②
在成本上没有优势的企业大多会采取差异化战略。虽然在绝大多数情况下成本领先战略和差异化战略无法共存，但丰田汽车和711便利店等企业成功地实现了两者的共存。

集中化战略是将经营资源集中在特定顾客群体的战略。

如何使用？

集中化战略分为成本领先和差异化两种类型

在执行集中化战略的时候有两种方法：一是面向特定的顾客采取削减成本的成本集中化战略；二是面向特定的顾客提供差异化产品和服务的差异集中化战略。

最初，波特认为成本领先与差异化是相悖的，同时追求两者不可能取得竞争优势，但是后来出现了同时实现成本领先和差异化的混合战略。

目前从整体趋势上来看，处于行业领先地位的企业大多采取成本领先战略，而排在第二位及之后的企业大多采取差异化战略和集中化战略。我们可以通过五力分析（见第96页）对这三大基本战略进行分析。

锻炼框架思考

练习题

根据上述分析，思考自己所在企业今后应该采取哪种基本战略，并通过五力分析进行更加具体的分析。